汽修工案头必备书系

汽车改装技术一本通

主　编　郭建英　曾　丹

参　编　马　涛　黄鸿涛　欧阳可良　罗健章
　　　　王　博　林降滨　谭运良　江利财
　　　　范海涛　明　莉　李中华　陈　伟

机械工业出版社

本书内容全面,主要内容包括汽车发动机、车身、底盘、电器、内饰等的改装内容和操作方法,涵盖了发动机点火系统、进气系统、排气系统、发动机电器的改装,行驶与转向系统的改装,制动系统的改装,以及加装车身强化件,汽车大包围改装,尾翼改装,导流板的改装,车身车衣,越野车加装车身护杠及底盘护板,越野车防滚架的改装,抬头显示器的改装,车载导航的改装,方向盘改装换档拨片,汽车一键起动系统改装,原厂定速巡航的改装,倒车雷达的改装,液晶仪表的改装,LED 前雾灯的改装,前照灯(远光灯 / 近光灯)的改装,电动尾门的改装,电动踏板改装,后视镜的改装,座椅改装、运动方向盘的改装、星空顶的改装、车载音响改装,绅士座椅开关的改装,车内三色氛围灯的改装,方向盘加热的改装,车窗一键升降改装等知识。

本书涉及的改装案例均由一线汽车改装人员提供并进行技术指导,从相关的知识点、操作方法、操作步骤、操作注意事项等方面进行讲解。

本书适合于汽车改装爱好者及汽车改装从业人员阅读参考。

图书在版编目(CIP)数据

汽车改装技术一本通/郭建英,曾丹主编. —北京:机械工业出版社,2022.6(2024.11重印)

(汽修工案头必备书系)

ISBN 978-7-111-71281-7

Ⅰ.①汽… Ⅱ.①郭…②曾… Ⅲ.①汽车改造 Ⅳ.①U472

中国版本图书馆CIP数据核字(2022)第133740号

机械工业出版社(北京市百万庄大街 22 号 邮政编码 100037)

策划编辑:母云红　　　　　责任编辑:刘　煊

责任校对:潘　蕊　李　婷　封面设计:马精明

责任印制:李　昂

北京捷迅佳彩印刷有限公司印刷

2024 年 11 月第 1 版第 2 次印刷

184mm×260mm · 12 印张 · 296 千字

标准书号:ISBN 978-7-111-71281-7

定价:89.00 元

电话服务　　　　　　　网络服务

客服电话:010-88361066　机 工 官 网:www.cmpbook.com

　　　　　010-88379833　机 工 官 博:weibo.com/cmp1952

　　　　　010-68326294　金 书 网:www.golden-book.com

封底无防伪标均为盗版　机工教育服务网:www.cmpedu.com

前言

  《汽车改装技术一本通》以常见的汽车改装项目为编写内容。目前汽车车主对车辆个性化、舒适度的追求越来越高，汽车改装可满足这些目标。目前，部分车主对汽车改装方面的法律知识不了解，很容易触及交通法律、法规的底线，因此，本书对我国交通法在汽车改装的允许范围进行了解读，让读者在改装上有法可依。

  本书介绍了目前市场上比较受欢迎的汽车改装项目，阐述了汽车改装从基础改装到需要较强专业知识的改装项目的实施要求，对重点的操作步骤进行了讲解，让读者直接学习重要的知识点。

  本书适用于汽车改装爱好者及汽车改装从业人员，编写的内容均为常见的汽车改装项目。本书内容全面，包含汽车发动机、车身、底盘、电器、内饰等的改装内容和操作方法，涵盖了发动机点火系统、进气系统、排气系统、发动机电器、行驶与转向系统、制动系统、汽车大包围、尾翼、导流板、越野车防滚架、抬头显示器、车载导航、汽车一键起动系统、原厂定速巡航、倒车雷达、液晶仪表、LED前雾灯、远光灯近光灯、汽车电动尾门、汽车电动踏板、后视镜、汽车座椅、运动方向盘、星空顶、汽车车载音响、绅士座椅开关、车内三色氛围灯、方向盘加热、车窗一键升降改装，以及加装车身强化件、车身车衣、越野车加装车身护杠及底盘护板、方向盘改装换档拨片等广泛的改装知识。

  本书编写的改装案例均由一线汽车改装人员提供并给予了技术指导，内容包含相关知识点、操作方法、操作步骤、操作注意事项。

  本书由郭建英、曾丹主编，马涛、黄鸿涛、欧阳可良、罗健章、王博、林降滨、谭运良、江利财、范海涛、明莉、李中华、陈伟参加编写。

  由于编写水平有限，疏漏之处在所难免，敬请读者批评指正！

资源说明页

本书附赠全套《汽车车身电气系统认知与检修系列课程》讲解视频，内含 14 个微课视频，总时长 140 分钟。

获取方式：

1. 微信扫码（封底"刮刮卡"处），关注"天工讲堂"公众号。

2. 选择"我的"——"使用"，跳出"兑换码"输入页面。

3. 刮开封底处的"刮刮卡"获得"兑换码"。

4. 输入"兑换码"和"验证码"，点击"使用"。

通过以上步骤，您的微信账号就可以免费观看全套课程啦！

首次兑换后，微信扫描本页的"课程空间码"即可直接跳转到课程空间。

《汽车车身电气系统认知与检修系列课程》
课程空间码

目 录
CONTENTS

第一章
汽车改装概述

汽车改装的定义和分类

1. 汽车改装的定义

汽车改装是指根据汽车车主需要，将汽车制造厂家生产的原型车进行外部造型、内部造型以及机械性能的改动。

2. 汽车改装的分类

（1）按用途分

汽车改装按用途分为三大类：赛车改装、民间重度改装和民用性能提升改装。这些改装类别各有其特定的目标和用途，如果混淆，则很容易对汽车改装产生错误的认识。比如：赛车改装是根据赛事要求进行改装，其改装以增大速度和功率为主，不会考虑油耗和环保等，不要与民用改装混淆，否则，民用车赛车化改装后将不符合排放标准而导致无法上路。

（2）按改装项目分

汽车改装按改装项目主要分为汽车外观改装、动力系统改装、底盘系统改装、越野车改装、汽车内饰改装、汽车音响改装、汽车电器改装。

汽车外观改装常见的有贴改色膜，改装前后杠、尾翼、两裙边、进气格栅，开孔发动机盖，贴纸，车身彩绘，改车标，如图1-1、图1-2所示。

图1-1　汽车车身贴膜　　　　　　　图1-2　汽车加装尾翼

动力系统改装主要就是为了提升汽车动力性。动力系统改装也是汽车改装的重中之重。常见的有改装进气系统、增加涡轮增压、改装机械增压、改装点火线圈、加装外挂ECU等，如图1-3、图1-4所示。

底盘改装主要是为了提升舒适性和安全性。基本上只要改装了动力系统，底盘是必然需要改装的，否则原本的底盘是无法承受更高输入动力的。常见的底盘改装有轮胎、轮毂、减振器、减振弹簧、前悬架、后悬架、前底架、后底架等，如图1-5所示。

越野车改装侧重点在于提高通过性，尽可能提高越野车对各种路况的适应与通过能力，如图1-6所示。

图1-3　汽车发动机改装进气系统

图1-4　汽车发动机改装高性能点火线圈

图1-5　汽车底盘加强件改装

图1-6　越野车改装

　　汽车内饰改装主要是改装赛车座椅、变速杆形状、各式各样的仪表、方向盘、星空顶篷等，如图1-7所示。

图1-7　汽车星空顶篷

　　汽车音响改装，是对汽车进行音响升级，其目的就是满足车主对汽车音乐的需求，使车内音响空间以最佳的声场表达，如图1-8所示。

　　汽车电器改装，主要有升级车外照明系统、灯光信号系统、车内氛围灯、换档拨片、巡航系统等，如图1-9所示。

图1-8 汽车音响改装

图1-9 升级后的汽车换档拨片

二 国内外汽车改装的现状与趋势

1. 国内汽车改装的现状与趋势

（1）从汽车改装技术进行分析

首先，改装水平良莠不齐，改装车安全堪忧。

相关法规对改装管理虽然严格，但细节项目并不明确，并没有具体指出哪些项目能改、哪些不能改。而越来越多的爱车族又对改装充满了热情，汽车改装需求正逐渐增大。在这种背景之下，许多"半路出家"的改装厂和改装件生产厂应运而生，不少"作坊式生产"的汽车维修厂也在悄悄进行着改装生意。专业技术人员匮乏、改装件质量无法保证、安全性能不达标等问题比比皆是。

其次，汽车改装缺乏行业标准与管理规范。

目前国内的汽车改装领域，不仅缺失针对行业的相关法律、法规，同时对于改装的技术标准和鉴定标准也是空白。在欧洲不少国家以及日本等国，具有较大规模的改装厂，除了有专门的技术研发部门、测试部门外，更重要的是他们的发动机改装要通过认证与许可，其严谨态度不亚于一般正规的整车厂。而在我国，汽车改装经营者资质难以认证，而汽车用户对于改装知识了解不多，改装后的质量和安全性也无从评定，其潜在的风险之大不言而喻，也不可不慎。

（2）从汽车改装行业进行分析

1）汽车保有量增长起到保量作用。随着我国经济的发展，人民收入水平不断提高，人们逐渐开始选择汽车出行，而这一出行观念的转变也使得我国汽车保有量屡创新高。2023年，我国汽车保有量达到3.36亿辆。目前，我国汽车渗透率不到20%，与国外发达国家汽车60%左右的渗透率仍有较大差距。因此，从整体上看，我国汽车保有量要触碰到天花板仍需较长的时间。而未来较长时间内汽车保有量的稳步增长将为汽车改装行业输送源源不断的改装主体。

2）汽车改装将成为个性化追求的重要途径。在年轻一代的汽车消费观念中，他们更加追求汽车的个性化，对舒适度的要求也大幅提升。流水线上生产出来的千篇一律的汽车造型，显然已经无法满足他们的需求。因此，改装成为他们实现个性化、舒适化的重要途径。

3）赛事风靡将刺激汽车改装需求。汽车改装源于赛车。一方面，近年来国际汽车赛事在中国的相继举办，让赛车迷能够在赛场上看到各式各样经过改装的赛车，进而催生了消费者对汽车性能和汽车外观的追求。另一方面，能够入场进行比赛的赛车均需要改装，而越来越多的赛事举办也让赛车改装规模逐渐扩大。未来，中国汽车改装规模也将随着汽车赛事的风靡得到进一步的发展。

2. 国外汽车改装的现状与趋势

汽车改装在国外一直很流行。

现在，世界各大著名汽车厂商都有它们的专业改装厂和改装品牌。如专门为奔驰车用户进行改装的 AMG、D2、BRABUS、CARLSSON 等；为宝马车用户进行改装的 ACSCHNITZER；为大众公司旗下的大众汽车和奥迪汽车用户进行改装的 ABT；为本田改装的 HRC（本田赛车公司）、MUGEN（无限）；为丰田车用户改装的 TOM'S 和 TRD（丰田赛车运动发展部）；为富士车用户改装的 STI（富士世界技术部）和 TEIN；日产的 NISMO（日产汽车运动部）和三菱的专业改装公司 RALLIART（拉力艺）等。个性化改装已形成了独特的汽车文化，汽车改装也形成了产业化，并成为汽车相关产业链中的一个重要组成部分。

美国有独特的汽车文化、法律规范以及交通状况，很大一部分美国人对汽车外观和部件的改装极为关注，他们追求夸张的外观造型和有冲击力的视觉效果。美国甚至有完全依照顾客要求定制个性化汽车的汽车定制工厂。

在美国，可以进行汽车造型的改装，比如加装大包围，加装尾翼，换装异形灯具等；也可以进行内部的豪华装饰改装，比如更换专门生产的高档胡桃木内饰和真皮座椅；还可以提高发动机的功率和转矩，更换制动和避振系统等。可以说，能把车上所有的东西都改掉。另外，有的厂还同时大批量生产专门的改装配件，提供给世界各地的消费者，如图 1-10 所示。

图 1-10 雪佛兰汽车改装

以德国为代表的欧洲汽车改装业，在改装性能方面跟他们的汽车品牌文化有很大关系。在欧洲我们可以看到很多的所谓品牌改装，诸如奔驰、宝马、大众、奥迪等，都有自己的所谓改装企业，为自己品牌旗下产品进行专业的改装。这类改装得到了社会的支持，比如技术方面的转移和知识产权的共享，甚至还包括很多产品开发技术。因此，这类改装在欧洲比较盛行，因为这种改装延伸了原厂品牌文化的特色，对原厂品牌的功能和文化进行了很好的延伸，如图 1-11 所示。

在亚洲以日本为代表的汽车改装业，追求一种适用性和舒适性原则。日本很多改装企业，运用了很多先进的装备，所以说日本的改装，实际上相对技术层面来说是比较领先的，如图 1-12 所示。

图 1-11　德国 ABT 改装品牌

图 1-12　日本 HKS 改装品牌

三　各大汽车改装品牌

1. 欧洲品牌

（1）ABT Sportsline

在诸多大众车系改装品牌当中，ABT Sportsline 是它们中间的佼佼者。以制作马车零件起家的 ABT 已有百年的历史，随着后来汽车工业的蓬勃发展，以及赛车运动的兴起，ABT 公司开始在赛车领域崭露头角，巅峰时期更是称霸了德国房车大师赛。如今，驶离赛道的 ABT 公司进入了民用车市场，致力于汽车改装，提供动力、制动、轮毂等改装配件，在不背离原厂的设计理念下，满足改装车迷对个性化的需求，如图 1-13 所示。

在全球大众品牌用户心中，ABT 都有着极其重要的地位，对于"保守"的大众车型而言，善于释放原厂车天性，并精通"整形手术"的 ABT 绝对是绝佳的合作伙伴。不过 ABT 对于性能的追求并非极致，而是更喜欢在外形上赋予大众车系不一样的气质，如图 1-14 所示。

图 1-13　ABT Sportsline

图 1-14　ABT 改装车辆

（2）巴博斯（BRABUS）

提到奔驰的性能改装企业，相信第一个出现在改装迷脑海中的一定是 AMG，不过除了

AMG 之外，还有一个对于奔驰改装更加执着的品牌——巴博斯（BRABUS），如图 1-15 所示。

它是成立于 1977 年的德国品牌，由波多·布什曼教授创立。发展至今，从奔驰 Smart 到奔驰 S 级，几乎奔驰旗下的每一款车，巴博斯都会推出对应的改装方案和示范案例，凭借其顶级专业的发动机改装技术，以及独一无二的动力性能而享誉全球。巴博斯可以说是所有奔驰改装厂中最追求极限性能的一个，如图 1-16 所示。

图 1-15　巴博斯（BRABUS）

图 1-16　巴博斯改装案例

目前，巴博斯拥有世界上最快的轿车、最快的四门轿跑车、最快的旅行车和最快的 SUV。其中最令人为之着迷的便是 BRABUS Rocket 900，在 S 级优雅的外表下，它拥有 900hp[⊖]和 1200N•m 的动力输出，极速可以达到 350km/h。开着 Rocket 900 行驶在路上，真的很难找到对手，哪怕是那些来自意大利的超级跑车。对于动力性的痴迷、对于速度的追求是巴博斯始终不变的信念。

（3）阿尔宾娜（Alpina）

阿尔宾娜（Alpina）是一家位于德国巴伐利亚州的汽车生产公司，是一个以专门改装宝马汽车而闻名世界的独立品牌，它与宝马公司之间没有从属关系，如图 1-17 所示。

Alpina 与宝马的合作开始于赛车，由于安装了 Alpina 提供的发动机零部件，宝马赛车性能大幅提升，在比赛中也成为领奖台的常客。与宝马合作的 50 年来，Alpina 从一个零部件供应商摇身一变成为宝马赛车的研发机构，这两家公司有着相同的目标："制造出最佳的产品"。它的改装案例如图 1-18 所示。

图 1-17　阿尔宾娜（Alpina）

图 1-18　阿尔宾娜改装案例

⊖　1hp=735W。

（4）国际设计公司（MEC Design）

国际设计公司（MEC Design）创始于 1972 年，总部位于德国柏林。它是欧洲最著名的梅赛德斯 - 奔驰产品调校公司之一，并为梅赛德斯 - 奔驰产品提供范围极其广泛的升级和造型改装产品。自 1999 年来 MEC Design 涉及车型更加广泛，包括奥迪、宝马、法拉利、路虎、阿斯顿·马丁等高端豪华车型，如图 1-19 所示。

MEC Design 品牌改装产品主要包括制动系统、包围、轮毂、真皮内饰、豪华脚垫、排气系统等。它的分公司遍布美国、加拿大、法国、俄罗斯、西班牙、荷兰、挪威等国家。它的改装案例如图 1-20 所示。

图 1-19　MEC Design

图 1-20　MEC Design 改装案例

（5）Hamann Motorsport GmbH

Hamann Motorsport GmbH 的简称是 HAMANN（哈曼），由 Richard Hamann 创始于 1986年，总部位于德国劳普海姆，是一个专为赛场定制改装的品牌，如图 1-21 所示。

起初 HAMANN 更多针对宝马车型的升级，经过时间的沉淀，HMANN 已经发展到涉及宝马、奔驰、法拉利、保时捷、迈凯伦、兰博基尼、路虎等高端豪华汽车品牌，如图 1-22所示。

图 1-21　HAMANN

图 1-22　哈曼改装案例

（6）HARROP

HARROP 工程公司是澳大利亚顶尖的车辆动力开发专家，更是一家世界顶级的澳大利亚成功改装企业。HARROP 品牌由 Ron Harrop 于 1955 年在澳大利亚成立，拥有 100 多名研发生产人员，专业从事高性能制动系统、发动机部件、赛车轮毂、排气、冷却系统、涡轮增压系统，以及汽车运动性能套件的研发和制造，如图 1-23 所示。

图 1-23 HARROP

自公司成立以来，HARROP 工程公司一直在设计和制造世界级的性能改装产品，用于各种不同的应用，包括福特、霍顿、莲花、丰田，以及各类赛车如 F1、NASCAR，还有多种超级跑车，它提供专有的售后性能改装产品，如图 1-24 所示。

图 1-24 HARROP 工程公司产品

（7）AC Schnitzer

AC Schnitzer 汽车技术公司是一家第三方调校公司，成立于 1967 年。它的总部设在德国亚琛，是世界最大的宝马汽车专业改装厂，专门从事宝马汽车和迷你汽车，以及宝马摩托车的改装，如图 1-25、图 1-26 所示。

图 1-25 AC Schnitzer 　　　　　　图 1-26 AC Schnitzer 改装案例

（8）Mansory Cooperation GmbH

德国的 Mansory Cooperation GmbH 改装厂一直以来专门为传统的豪华车做性能和造型上的改装，目的是为了迎合这些高级车车主的生活品位。对于当今疯狂的财富拥有者而言，原厂的个人订制套餐已不能满足他们的专属欲望，Mansory 作为一家针对豪华车进行专业品质提升的著名改装厂，能够提供更炫目的设计方案。

（9）MERCEDES-AMG

MERCEDES-AMG 简称 AMG，是戴姆勒集团旗下的一个品牌。它也是梅赛德斯 - 奔驰品牌的高性能部门。目前 AMG 所改装的民用车，几乎覆盖了整个奔驰车系，从小型的 A-Class、B-Class、C-Class，到中型的 E、CLK、SLK、CLS，再到大型的 S、SL、CL、M、G、R 等所有级别，而且改装项目种类繁多，作为改装品牌的翘楚，它的实力与质量可以得到保证。

（10）CARACTERE

CARACTERE 是比利时的一家改装公司，专业从事大众及奥迪的动力及外观改装，外观套件覆盖了大众部分车系及奥迪全车系。CARACTERE 包围给人的感觉就是低调的奢华，带有一丝凶悍的风格。国内改装这个品牌比较少见，因为它的价格相对比较高。

（11）SPEEDART

SPEEDART 是德国的一个专注保时捷改装的品牌，目前几乎覆盖了整个保时捷车系，从外观到内饰，再到性能提升，SPEEDART 可谓是最懂保时捷的改装品牌。

（12）LUMMA DESIGN

LUMMA DESIGN 是德国的汽车改装名厂，专为保时捷、宝马、奔驰、奥迪，还有福特、欧宝等提供改装升级套件。

（13）Arden

Arden 虽然是一家德国老牌改装厂，却从不改装德国车，而是专门致力于英国汽车品牌的优化和细化工作。除了捷豹和路虎之外，它还改装宾利和迷你。Arden 凭借纯熟的改装技术多次获得世界级的改装奖项。

（14）Onyx Concept

爱尔兰改装厂 Onyx Concept 专门从事路虎车系的改装。目前，它的产品范围已经涵盖了路虎全车系，主要侧重于外观套件的研发。

（15）LODER1899

德国 LODER 1899 主要选择顶级品牌的车型进行改装，包括阿斯顿·马丁、捷豹、宾利、路虎、奥迪、奔驰、宝马等，改装产品涉及空气包围套件及轮廓等。LODER 1899 于 2011 年正式进入中国，成立了洛德（中国）汽车科技有限公司，洛德（中国）将延续汽车贵族生活缔造者的品牌定位，用高端的精湛产品为中国车主带来更多的驾驶乐趣。

（16）A.KAHN DESIGN

A.KAHN DESIGN 是成立于 1988 年，坐落于英格兰中部城市布拉德福德市（Bradford）的专业汽车改装厂，专为豪华车主提供各种定制化服务。自从成功地推出了改装型路虎运动系列之后，它在业界内"一炮走红"，成为路虎品牌的"御用"改装厂。它也凭借独特的设计、精美的做工、完善的服务，赢得了车迷的一致好评。

（17）LORINSER

德国 LORINSER 公司通过对车身进行重新设计，从而获得最完美的车身结构和美学感受，使汽车更具豪华的张力。早在 1935 年，LORINSER 就已经在德国斯图加特成立了，比 AMG、BRABUS 的创立时间还要早，可以说是改装业的"老师傅"。

（18）OVERFINCH

OVERFINCH 是一家来自英国的汽车改装厂，位于英国法纳姆，自 1975 年便开始专业从事路虎品牌车型的改装业务。因此它与路虎的关系与 BRABUS 和奔驰的关系差不多。

（19）StarTech

StarTech 是奔驰改装巨头 BRABUS 的德国子品牌，戴姆勒 - 克莱斯勒集团分道扬镳以后，StarTech 幸运地被保留了下来，不过已经不像当年那样专心致志地只改装克莱斯勒、道奇和 JEEP 了。它现在已经加入了路虎和捷豹的改装项目。

（20）GSC

GSC 是德国一家专门改装超跑车型的品牌。GSC 擅长使用碳纤维材料设计出"夺人眼球"的外观套件。

（21）Gemballa

Gemballa 公司总部设在德国斯图加特附近的 Leonberg。公司成立于 1981 年，以 UWE Gemballa 命名，开始主要为保时捷提供售后零部件。在业界，Gemballa 号称是保时捷顶级跑车的改装专家，对保时捷的改装可以说到了登峰造极的地步。

（22）LARTE DESIGN

LARTE DESIGN 是一家来自于俄罗斯的改装厂，它对于越野车型的改装有自己独特的心得。它专攻高端豪华型 SUV 和越野车的外观套件。

（23）卡尔森（Carlsson）

卡尔森汽车公司始建于 1989 年，是一家拥有独立品牌的汽车生产公司。卡尔森拥有最纯正的德国血统，致力于专业设计并制造高端整车，打造卡尔森汽车浓郁的贵族品牌特质。卡尔森汽车的品牌定位是："德国至宝、贵族血统、气质优雅"。卡尔森汽车的客户分布在全球各个国家和地区，尤其在欧洲、中东拥有很多贵族客户。

（24）TOPCAR

TOPCAR 是来自俄罗斯的著名汽车改装品牌，以改装保时捷著称。它现在的业务已经涵盖保时捷、奔驰、宝马和路虎等品牌。

2. 美洲品牌

（1）西海岸定制（WEST COAST CUSTOMS）

西海岸定制（WEST COAST CUSTOMS）公司生产个性定制品牌汽车。它拥有 23 年的历史，在美国汽车定制界拥有不可取代的地位。它拥有 3 万 m^2 的场地，拥有美国最先进的汽车定制设施和理念。从外观、内饰、多媒体等不同方面对汽车进行独特的设计和定制，备受美国影星、球星的追捧。如今西海岸定制在负责人的带领下，其服务范围已经拓展到全球六个国家。值得一提的是，西海岸定制于 2015 年已经悄悄登陆中国上海，中国地区车主及企业也有机会体验由西海岸定制诠释的顶级汽车定制文化。

（2）RBP（Rolling Big Power）

RBP 始于 1988 年，是一家从地方汽车改装店做到全球知名的汽车改装品牌。RBP 公司 2001 年在美国正式登记成立，是专注于越野 SUV 车型改装产品的研发、设计、制造的厂商。它推出的产品范围极其广泛，包括外观装饰、重型防护、越野专用悬架、底盘提升套件等。其改装内容包括：轮毂、轮胎、排气、制动、照明灯具、汽车地毯、中网、脚踏板、机油、添加剂等。它已成为全球定制越野车型的庞大而独特的玩家。

（3）Audi Performance Racing

Audi Performance Racing 简称为 APR，这是来自美国阿拉巴马州的改装品牌公司，创立于 1997 年。

APR 是目前全世界最前瞻和最专业的大众车系高性能改装品牌，专门从事大众系列车型的高性能改装，也与保时捷和奥迪合作过。

因为长时间与大众集团共同合作研发项目，APR 可以说是完全吸收了大众车系的精华，所以能够创造出世界最顶尖的汽车电脑升级程序。

因为 APR 的研发能力受到了大众集团的高度认可和赞同，它自然而然就成了大众"御用"的改装品牌。

现在，APR 改装产品已经覆盖了我国国内大部分地区的市场，大众、保时捷、奥迪、斯柯达几种品牌都能看到它改装过的身影。

（4）K&N

K&N 从 1969 年开始，针对那些对高性能提速有着狂热执着的爱好者设计出高流量的空气滤清器滤芯。

现在大部分主流车型都采用 K&N 设计制造的空气滤清器滤芯，产品多达 2400 种。

（5）SYNERGY

SYNERGY 是美国的牧马人改装品牌，曾与大名鼎鼎的 FOX 减振器合作过，这个品牌最大的特点，就是对牧马人车系的底盘悬架有着很深厚的研究。

（6）MOPAR

作为菲亚特—克莱斯勒旗下的配件制造和汽车改装品牌，MOPAR 被国内熟知还是在牧马人改装领域。其实 MOPAR 不仅擅长越野车改装，还生产涡轮增压套件、运动悬架套件、短行程换档杆件、悬架弹簧、发动机支架等。附属团队 MOPAR Underground 相当于 AMG 之于奔驰、M Motorsport 之于宝马，专为克莱斯勒和菲亚特部分车型提供高性能改装版本。

（7）Muscle Parts Concepts

它是专注于美式"肌肉车"改装的知名品牌，来自美国 500 强公司、美国"肌肉车"改装的绝对龙头老大：American Muscle。

（8）Sportsmobile

从 1961 年起，Sportsmobile 公司就开始从事各种车型的房车改装。Sportsmobile 房车以经过改装的车顶帐篷，以及以先进的人体工程学为基础的车内布局设计而知名。公司有三家工厂，分别位于美国加利福尼亚州的夫勒斯诺市、印第安纳州的亨廷顿市和得克萨斯州的奥斯汀市。

（9）AWE TUNING

AWE TUNING是美国市场上最尖端的德系车改装品牌之一。

AWE TUNING生产的产品包括大号涡轮套件、高性能排气管，以及发动机周边强化部件，它在大众、奥迪、保时捷等品牌改装市场上有着举足轻重的地位，甚至在X-BOX的游戏中，都可以选装AWE TUNING的改装产品。

成立于1991年的AWE TUNING，针对每项产品都有严格的测试要求和数据支持，通过几千千米的路试和精密的测试仪器，不断地完善产品的性能。

（10）ROUSH

ROUSH是野马车系的御用改装品牌，它一直钟情于制造拥有最强动力、最全套件的野马，其改装更加全方位，在提升直线加速性能的同时，对动态表现、操控以及制动系统都会进行全方位的调校。

（11）Hennessey

Hennessey性能改装始建于1991年，旗下业务包括Hennessey性能车、Hennessey特种车、Hennessey改装车和Lonestar赛道。

该公司以"让汽车跑得更快"为己任，已为全球最狂热的速度爱好者改装过10000多辆汽车，包括各种运动型、肌肉型汽车，以及高性能货车和SUV等。它也拥有自己的Hennessey Venom系列超级跑车。

（12）Fabspeed

美国Fabspeed赛车运动公司专业从事制造高性能排气、进气组件，专门为迈凯伦、宾利、兰博基尼、捷豹、阿斯顿•马丁、法拉利、保时捷等超跑和高档赛车的ECU进行升级，是美国本土排气系统制造商。

Fabspeed排气系统定位于高端市场，针对超级跑车，产品使用最高级别的不锈钢和铝合金材料制造。

3. 亚洲品牌

（1）改啊

广州改啊汽车科技有限公司是一家致力于汽车进气系统、悬架系统、赛车用品、碳纤维产品研发、生产与销售为一体的汽车改装产品高科技企业。

（2）车之宝（CZB）

车之宝是国内首家提出汽车个性化定制概念的改装厂商，改装工厂位于上海。车之宝从成立至今的20多年间，为国内超过90%的4S店经营集团提供过个性化和定制化的汽车电子、外观套件、汽车内饰、个人定制等汽车相关产品的改装服务，改装超过30000辆汽车。

（3）曼狄卡

曼狄卡改装业务属于广州市曼狄卡汽车配件有限公司。它拥有顶尖的汽车改装工程师、顶级的车型设计师，主要改装项目包括汽车动力性能改善与升级、操控性能完善与提升等。

（4）奥众汇

江苏奥众汇国际贸易有限公司是一家专注于奥迪改装升级领域的公司。它提供奥迪全系车型外观、内饰、功能配置等改装升级项目，秉承原厂设计风格，满足奥迪车主对个性化的需求。

（5）卡尔迈克斯

卡尔迈克斯是一个以改装越野车为主的品牌，它属于北京卡尔迈克斯汽车科技发展有限公司，简称卡迈4×4。卡尔迈克斯，音译自英语"Car Max"。

（6）车蚂蚁

车蚂蚁创立于2013年，其改装俱乐部专注于宝马车系的改装，经过近几年的发展，车蚂蚁服务范围还包括汽车保养、汽车美容、汽车维修等。

（7）Stance|Form

Stance|Form是中国汽车工程研究院股份有限公司旗下的改装车品牌。

（8）陆耐酷车

陆耐酷车公司于2008年5月正式成立，公司位于中国天津，是汽车后市场车规级高端座椅生产商，汽车内饰改装方案综合服务商。

（9）车质尚

车质尚（北京）汽车制造有限公司正式成立于2012年5月。它的主营业务为汽车个性化内饰改装。

（10）T-DEMAND

日本的T-DEMAND品牌以追求提升汽车性能为基点，推出了种类繁多的产品，以达到外观、操控、制动三个元素的综合平衡。目前T-DEMAND的产品，除满足针对公路行驶的日常驾驶使用之外，亦积极投入高性能改装件的研发，力求满足不同阶层改装爱好者的需求。产品范围包括：气动悬架、避振系统、制动系统、法兰盘、锻造轮毂螺栓、车身强化套件、排气支管等。

（11）HKS

日本HKS的产品琳琅满目，包括进排气、悬架、发动机调控、涡轮增压、锻造及钛合金改装螺栓、变速系统等性能组件。

（12）RUNDUCE

RUNDUCE公司的全称是ORIGINAL RUNDUCE，它在20世纪80年代初成立于改装文化极其浓厚的日本。它专业研发、生产高性能赛车部件，包括：RUNDUCE品牌制动系统、锻造活塞、连杆、曲轴等发动机内部性能套件。

4. 进排气系统改装品牌

（1）美国 Advanced FLOW Engineering

美国Advanced FLOW Engineering简称AFE，它一直专注于进排气系统的开发，其产品

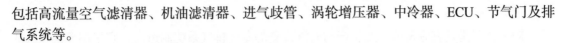

包括高流量空气滤清器、机油滤清器、进气歧管、涡轮增压器、中冷器、ECU、节气门及排气系统等。

（2）美国 Advanced Engine Management

Advanced Engine Management 简称 AEM，成立于 1987 年，最早专营进气系统、发动机管理系统、动力系统周边零部件等改装品，为美国最知名的进气系统与发动机管理系统的专业制造厂商之一。为了拓展改装领域，AEM 于 2004 年并购了美国排气管改装厂 DC Sports。

（3）美国 INJEN

INJEN 是美国知名的进气系统改装品牌，具有超过 12 年制造高性能进气系统的经验，它使用自身研发的专利技术，该技术通过了美国加州空气资源委员会（CARB）的认证。

（4）美国 K&N 空滤进气系统

K&N 公司位于美国加利福尼亚州。它是给车辆提供可重复使用的棉纱过滤器的发明者，以及相关技术创新的领导者。它的高性能、高品质、长寿命空气滤清产品占市场主导地位。K&N 公司从 1969 年开始设计制造高流量空气滤清器，现在已经发展成为一个真正的全球性公司，并且在荷兰和英国都有分支机构。

（5）美国 MagnaFlow

MagnaFlow 是致力于高性能排气系统研发和生产的制造商，SEMA 协会成员。MagnaFlow 的公司总部、研发中心、生产工厂均设在美国加州。MagnaFlow 拥有 30 多年生产优质催化器与高性能排气系统的经验与技术，作为市场的领导者以优质的产品在世界各地赢得声誉。

（6）美国 Meisterchaft

Meisterchaft 是世界最著名的排气系统生产商之一。Meisterchaft 中文译为"冠军"，表达了 Meisterchaft 要做世界一流排气系统生产商的信心、决心。

Meisterchaft 的主要服务对象为欧洲高性能车辆，包括兰博基尼、法拉利、阿斯顿·马丁、宾利、路虎、保时捷、宝马、奔驰、奥迪，还有日系高性能车如日产 GTR 等。

（7）美国 Weistec Engineering

美国 Weistec Engineering 是一家专注于奔驰 AMG 系列机械增压套件产品生产研发的公司。Weistec 机械增压与平时我们常见的离心式增压套件不一样，它采用双螺杆式机械增压（容积 3.0L）的方式，Weistec 机械增压的工作动力直接来源于发动机，通过两个螺杆式的压气机转子压缩空气，也就是说只要发动机起动，机械增压就会进行强制进气，再加上合理搭配的高流量燃油供给系统，此时的发动机相当于扩大了排量，在低转速时就有不错的起步反应速度，加速性能也会有相当不错的体验。

（8）中国 Vanhool

Vanhool 是我国国内一个全新的排气系统品牌，Vanhool 排气系统的生产厂家从 1998 年开始以 OEM 形式生产高性能轿车、摩托车（Moto GP）排气系统以及性能部件，并大量出口到国外。厂家在生产过程中不断地研究，不断地改进，让 Vanhool 所生产的排气系统畅销欧美，并得到国外性能车玩家的认可。

（9）中国 RES

RES 公司是具有完善的开发生产与检测设备的专业排气系统制造商，它采用多套先进的专业设备从事排气系统研发、设计与生产，如辅助开发与检测的测量臂、全自动弯管机、五轴自动制桶机、各式自动焊接设备等。公司的目标是为消费者提供高品质、高耐用度、高效能的产品。

（10）中国 CGW

CGW 公司坚持以"中国人自己的改装品牌"为理念，一切以品牌为核心，立志打造中国专业排气系统改装品牌。

（11）意大利 Supersprint

意大利 Supersprint 成立于 1955 年，是一家极为专业的改装排气管制造厂，所有经由 Supersprint 出品的排气管，都经过相当严谨的生产程序，包括动力性能测试、安装测试和噪声测试。同时，它还针对不同品牌与不同车型，开发专用的排气管。

（12）奥地利 REMUS

奥地利 REMUS 系列排气系统，相关产品曾在欧洲 21 款排气系统评比中名列冠军，为改装升级车辆使用排气系统的首选产品，亦是性能、品质及时尚的代表。

（13）中国 IPE 带阀门排气系统

IPE 排气系统已经有十数年历史，公司全称为 Innotech Performance Exhaust（精圆科技股份有限公司）。它来自中国台湾，以世界独有的技术，专为高性能超跑车款打造世界顶级的排气系统，赋予每一台超跑独特的生命力。

（14）德国艾斯曼（Eisenmann）

来自德国的 Eisenmann 专业排气系统研发公司是保时捷跑车原厂指定的排气管生产厂家，在欧洲地区乃至全球各地均拥有相当的知名度，在业内向来以动力性能递增幅度强劲、排气声浪低沉浑厚而享誉全球。

5. 制动系统改装品牌

（1）英国 ALCON

ALCON 被认为是世界上"三大"专业和性能制动系统制造商之一。

ALCON 制动卡钳有以下特性：

① 一体式卡钳，较小受温度影响，可以保证最佳工作效果。

② 铸造整体缸座结构，用来增强刚性及降低重量。

③ 预设有四活塞或六活塞设计，以减轻制动踏板的硬度。

④ 大小有别的活塞孔能确保均匀接触制动表面。

⑤ 特别设计的制动表面能提供低阈值压力及低噪声。

ALCON 制动盘特性：

① 在高强度和超轻量的设计下，还能保证高温下的耐热性和稳定性。

② 开发了新型合金制动盘，符合航空标准。

③ 在摩擦面上有独特的半月形凹槽，可提升耐用性。

④ 具有方向性的弯形冷却叶，可提高冷却效果。

⑤ ALCON 悬浮制动盘系统可提升散热性，有效减轻颤抖变化。

ALCON 摩擦块特性：

① 低噪声。

② 在各种驾驶工况下有着强劲的制动表现。

③ 极佳的工作性能及温度范围，在高温下仍有卓越的制动表现。

（2）英国 AP Racing

AP Racing 旗下包括制动卡钳、制动盘、套装制动套件、制动片、制动液、套装离合器套件，专门用于竞赛的高摩擦系数离合器。

AP 也为宝马、奔驰、保时捷、法拉利等车厂代工生产活塞卡钳、制动盘，甚至是整组制动系统。AP Racing 稳定且优异的品质，让这家来自英国的品牌成为高性能制动系统的代名词。

（3）意大利 BREMBO

意大利 BREMBO 公司是一家世界领先的，从事高性能制动系统和相关部件的工程设计、开发和制造的厂商。

BREMBO 出品的制动系统有一个很大的特点，就是较为渐进的制动反应，不会像其他品牌那样，对悬架要求过分强硬。即使一些稍微改装过套装避振系统的车型，也不会在制动时出现太大的"点头"状况。当然，前提是要选择好适合自己车辆的型号，例如功率不超过200hp 的车辆，选择"LOTUS"小型四活塞卡钳，再搭配上相应的制动盘便可以了；功率不超过 400hp 的中大型跑车或者改装车，"F50"大型四活塞卡钳就基本可以满足大部分车主的要求；对于那些动则 500~600hp 的重度改装车型，或者车身较重的 SUV，六活塞制动卡钳肯定是不二之选；最后是"怪兽类"机器，例如那些 800hp 的 SUPRA、1000hp 的 GT-R，只能选择八活塞制动卡钳。

（4）英国 FERODO

FERODO（菲罗多）制动片一直是世界三级方程式赛车、世界一级方程式赛车、世界摩托车锦标赛各级组别的指定用品。

（5）美国 HAWK

HAWK 是美国卡莱制动及摩擦材料公司旗下的高性能品牌，HAWK Performance 一直是高性能民用车和专业赛车的高性能制动片供应商。同时，HAWK Performance 是美国赛车俱乐部、美国汽车运动协会（NASA）、理查德·佩蒂驾驶体验活动、花花公子 MX-5 杯、Skip Barber 赛车学校和 Ron Fellows 性能驾驶学校的官方制动片供应商。

（6）英国 Mintex

Mintex 作为一个主流的制动产品品牌，已成为制动产品质量的代名词。

Mintex 是全球摩擦材料最大、最专业的生产厂家，也是德国 TMD 摩擦材料集团的一部分。TMD 摩擦材料集团是世界各国主流车厂的主力供应商，已取得了超过 700 张原厂配套认证，可以提供 135 种各式各样，可达到原厂配套要求的摩擦材料配方。

（7）美国 STOPTECH

STOPTECH 是第一家针对改装车市场的汽车制动系统公司，提供"均衡"前制动系统升级，在兼容原厂后制动系统不变的同时，大幅度提升总体制动表现。这在改装制动系统市场上具有领先的技术水平。STOPTECH 使用了最先进的数控机床及制造工具，为街道赛事及汽车市场生产制造高性能制动卡钳、制动片、制动盘、不锈钢制动阀门、制动液等产品，其旗下的 ST-60、ST-40、ST-41 和 ST-22 型号的制动卡钳完全采用锻造结构，卡钳本体、合头、桥位等均依据 ISO 标准进行加工。

6. 悬架系统改装品牌

（1）日本 Aragosta

Aragosta 避振器采用全锻制铝合金外壳，使避振器具有轻量化和良好的散热性能。

从产品细节处可以看出该避振器承袭了日本工业精致的做工。避振器全长度可调，车主可以根据个性的需要使车辆降低至适合的高度，配合 20 段可调的阻尼，可以将避振器调校至一个适合车手的工作状态。

（2）德国 BILSTEIN

在改装避振器市场中，BILSTEIN 也同时为 ABT、AC Schnitzer、AMG、BRABUS、Gemballa、Hartge、Ruf 与 Techart 等大厂生产专用套件。

BILSTEIN 旗下产品分为 B2、B4、B6、B8、B10、B12、B14、B16 等系列，除了 B2 采用低成本复筒式低压气体设计，以及 B4 采用单筒低压气体设计外，其余产品皆为单筒高压油气分离设计。

（3）荷兰 KONI

KONI 是全球最大的避振器生产商之一。KONI 公司总部位于荷兰 Oud Beijerland，拥有 100 多年历史，从 1945 年创始起，KONI 便制造出全球第一根可调避振器。从那时起，KONI 被全世界公认为专业避振器的杰出代表。对高品质避振器以及尖端避振器技术的追求，使得它可以为乘用车、赛车、专用货车、公交车，以及铁路车辆等提供技术最先进、品质最牢靠的避振器产品。

（4）德国 H&R

H&R 主要是以制作悬架、防倾杆等高性能底盘改装件而誉满全球的厂家。H&R 已和德国 DTM、WRC、ABT、AMG 等各类型赛事多支车队/"御用"改装厂建立起合作伙伴关系。H&R 为多类型赛车提供专用弹簧，或是整套高性能悬架系统，这些产品的能力已经在各种赛事上得到证明，还有权威机构 TUV 给出的认证。

（5）德国 KW

KW 拥有顶尖的研究发展部门，针对每一适用车种、不同属性车辆开发专用避振器，设计与调校各种产品。KW 拥有生产筒芯与筒身的特殊专用机械，纯手工装配调校每一支 V1、V2、V3 阀门与整套避振器。每一套产品系统皆通过德国 TUV 以证合格。

（6）瑞典 OHLINS

瑞典 OHLINS 公司推出的避振器主要是针对赛车使用，这些避振器不论是制作技术还是性能方面都要比普通民用车使用的避振器要强得多。而且，针对一些像专业场地越野赛和拉力赛等比赛，OHLINS 更会加入它们的新型内复筒技术，确保车辆在跳跃时，避振器突然向下拉伸的时候能够马上填充阻尼油，保证车辆落地时能够吸收振动，马上就能加速。另外，瑞典 OHLINS 还能够按照车队的要求，特别订制避振器。

7. 轮辋改装品牌

（1）日本 WORK

WORK 是日本轮辋品牌。它的产品共有 21 个系列 74 个款式，颜色多样，可以增强整个汽车的外观效果。轮辋采用铝合金制造，相对于钢制的轮辋更轻，强度更高。在制造上采用了三种不同类型的盘体（OAR）。具有众多的特殊孔位（PAD）和可选偏位（ET），适合更多的车型。

（2）日本 WEDS

WEDS 是日本轮辋著名生产商之一，铝合金轮辋具有重量轻、刚性高、散热快的特点，安装在汽车上有着更好的"暴走"能力与独特的 VIP 风范，所以顺理成章地成为众多改装车发烧者的首选。

（3）日本 WALD

WALD 是国际上著名的豪华轿车改装品牌之一，它结合之前改装奔驰的经验，开创性地将德系轿车的改装风格融入日本汽车品牌中，这种大胆的改装设计出乎意料地得到了广泛的认同和赞赏。

（4）美国 VOSSEN

美国 VOSSEN 轮毂虽然没有很轻的重量，也没有强悍的锻造技术，但它具有优雅的造型和可定制的尺寸数据服务，成为现在改装轮毂中的"大红人"。

（5）美国 VELLANO

VELLANO 品牌来自美国加州，看上去风格与大部分美国轮毂品牌有很多相似之处。但 VELLANO 品牌拥有一次性生产 500 款不同款式轮毂的能力，旗下所有制品都采用三片式锻造工艺而成，无论从本体重量、强度，还是日后的维护、改新都有着与其他工艺完全不同的特点。除了工艺特殊外，VELLANO 还提供轮毂整体定制式服务，从颜色到所使用的固定螺栓都可由客户进行私人定制，完美配合爱车。

（6）日本 RAYS

RAYS 轮毂一直都被视为改装界里的顶级轮毂改装品牌之一，RAYS 出品的轮毂有一个较为显著的特征，因其采用独特的锻造技术，轮毂的重量相比欧洲或者美国的产品都要轻。另外，它采用了日本 JWL 更为高级的 JWL+R 测试标准，可以保证质量过硬。

（7）意大利 OZ

OZ 主要生产汽车轮毂。公司于 1971 年 1 月 4 日在意大利维琴察建立。

（8）美国 HRE 锻造

HRE 所有轮毂均采用高级锻造工艺，而且每款轮毂都能达到世界主流的认证标准（德国 TUV、日本 JWL 等）。此外，HRE 所有轮毂均接受个性化定制，包括轮毂尺寸和宽度、ET 值、孔距、中心孔大小，以及外观颜色等。

（9）德国 BBS

德国 BBS 轮毂以质轻、耐用、造型漂亮等特点广受车界喜爱，不管是大车厂、改装厂，或是赛车界，都是 BBS 轮毂的客户。FERRARI、HONDA、TOYOTA、SPYKER、SUPERAGURI 五支 F1 车队，都使用 BBS 轮毂。

德国 BBS 负责铸造铝合金轮毂以及 OEM 产品业务，日本 BBS 则负责锻造铝合金轮毂业务，经营销售互不干涉。

在区分 BBS 产地时，除分辨是锻造还是铸造外，还可以观察中心盖上字体的颜色来辨别。金色字体表示日本 BBS，银色字体为德国生产。目前在国内销售的正品 BBS 普遍为日本生产的锻造产品。

（10）美国 ADV.1

ADV.1 总部位于美国加州，产品主要面向高端豪华车与高性能车。

ADV.1 轮毂全部为锻造产品，主要生产单片式和三片式锻造轮毂，它的特点是重量轻、韧度高、强度大，颜色有十多种并可以根据客户需要定制。产品款式多，表面有磨砂、拉丝处理，高光泽等多种效果，可产生几百种组合。除了标准版本外，还有赛道版，直径包括了18~24in。

（11）日本 ADVAN

ADVAN 是一个汽车改装轮毂品牌，它隶属 YOKOHAMA（优科豪马）公司。

ADVAN 有众多的款式可供选择，强度高，而且重量轻，这对于动力的提升非常有帮助，加上华丽的造型与颜色，是众多高性能车（包括改装车）车主的最爱。

四　国内汽车改装相关的法律法规

1. 对汽车改装外观改装的法律法规

根据《机动车登记规定》第十六条：已注册登记的机动车有下列情形之一的，机动车所有人应当向登记地车辆管理所申请变更登记：

（一）改变车身颜色的；

（二）更换发动机的；

（三）更换车身或者车架的；

（四）因质量问题更换整车的；

（五）机动车登记的使用性质改变的；

（六）机动车所有人的住所迁出、迁入车辆管理所管辖区域的。

属于第一款第一项至第三项规定的变更事项的，机动车所有人应当在变更后十日内向车辆管理所申请变更登记。

第十七条　申请变更登记的，机动车所有人应当交验机动车，确认申请信息，并提交以下证明、凭证：

（一）机动车所有人的身份证明；

（二）机动车登记证书；

（三）机动车行驶证；

（四）属于更换发动机、车身或者车架的，还应当提交机动车安全技术检验合格证明；

（五）属于因质量问题更换整车的，还应当按照第十二条的规定提交相关证明、凭证。

车辆管理所应当自受理之日起一日内，查验机动车，审查提交的证明、凭证，在机动车登记证书上签注变更事项，收回行驶证，重新核发行驶证。属于第十六条第一款第三项、第四项、第六项规定的变更登记事项的，还应当采集、核对车辆识别代号拓印膜或者电子资料。属于机动车使用性质变更为公路客运、旅游客运，实现与有关部门联网核查道路运输许可信息、车辆使用性质信息的，还应当核对相关电子信息。属于需要重新核发机动车号牌的，收回号牌、行驶证，核发号牌、行驶证和检验合格标志。

小型、微型载客汽车因改变车身颜色申请变更登记，车辆不在登记地的，可以向车辆所在地车辆管理所提出申请。车辆所在地车辆管理所应当按规定查验机动车，审查提交的证明、凭证，并将机动车查验电子资料转递至登记地车辆管理所，登记地车辆管理所按规定复核并核发行驶证。

首先是车辆外观的改装，主要涉及包括更改车身颜色、车身贴膜等手段，而且车身应在更换颜色后的 10 天内到车管所办理变更手续，并重新拍摄行驶证照片并更换行驶证。不过对于消防专用红（R03 大红色）、行政执法车专用色（上白下蓝），以及工程抢险专用黄这三种颜色是不允许更换的。

贴花彩绘不能超过车身面积百分之三十，汽车贴纸不得影响安全驾驶，内容须健康向上，汽车贴纸不可以采用特种车辆专用颜色。

根据《机动车登记规定》第二十二条：有下列情形之一，在不影响安全和识别号牌的情况下，机动车所有人不需要办理变更登记：

（一）增加机动车车内装饰；

（二）小型、微型载客汽车加装出入口踏步件；

（三）货运机动车加装防风罩、水箱、工具箱、备胎架等。

属于第一款第二项、第三项规定变更事项的，加装的部件不得超出车辆宽度。

车辆前后保险杠非常重要，改装的话不能改变车辆的长度和宽度。

乘用车可以安装不能超过 30cm 高度的行李架。

乘用车可以加装不具备载货功能的脚踏板，但横向单侧不能超过车身外侧 50mm，并且高度必须在两轮之间。

乘用车改装进气格栅的话，要保留原厂的品牌表示，并且不能改变车辆的长度和宽度、从而造成车外凸出物，也不能改原车的照明信号装置。

2. 对汽车发动机改装的法律法规

《道路交通安全法》规定任何单位或者个人不得改变机动车型号、发动机号、车架号或者车辆识别代号。

根据《机动车登记规定》第二十一条：有下列情形之一的，不予办理变更登记：

（一）改变机动车的品牌、型号和发动机型号的，但经国务院机动车产品主管部门许可选装的发动机除外；

（二）改变已登记的机动车外形和有关技术参数的，但法律、法规和国家强制性标准另有规定的除外；

（三）属于第十五条第一项、第七项、第八项、第九项规定情形的。

距机动车强制报废标准规定要求使用年限一年以内的机动车，不予办理第十六条第五项、第六项规定的变更事项。

车辆发动机后期加装涡轮增压，动力虽说有提升，但对于行车方面却造成了很大的隐患。动力是提升了，但其他方面比如制动、变速器匹配方面，乃至发动机寿命都可能打折扣，安全性也存在隐患。

3. 对汽车底盘改装的法律法规

根据《机动车登记规定》第二十三条：已注册登记的机动车有下列情形之一的，机动车所有人应当在信息或者事项变更后三十日内，向登记地车辆管理所申请变更备案：

（一）机动车所有人住所在车辆管理所管辖区域内迁移、机动车所有人姓名（单位名称）变更的；

（二）机动车所有人身份证明名称或者号码变更的；

（三）机动车所有人联系方式变更的；

（四）车辆识别代号因磨损、锈蚀、事故等原因辨认不清或者损坏的；

（五）小型、微型自动挡载客汽车加装、拆除、更换肢体残疾人操纵辅助装置的；

（六）载货汽车、挂车加装、拆除车用起重尾板的；

（七）小型、微型载客汽车在不改变车身主体结构且保证安全的情况下加装车顶行李架，换装不同式样散热器面罩、保险杠、轮毂的；属于换装轮毂的，不得改变轮胎规格。

私自改装轮毂规格属于违法行为，年检时将无法通过，因为它影响了车的整体性。

悬架改装必须保证与原车高度大致相同，只能选装改装后与原车高度大致相同的悬架配件。

4. 对汽车排气系统改装的法律法规

无论是技术性改装还是排气外观改装（如尾喉等装饰物）都是不允许的。

根据《机动车登记规定》相关条款，改变已领牌照机动车的车身颜色、车型、性能、用途和结构，更换车架、车身或发动机，车主都必须向车管所申请变更登记。加装尾翼、做大包围、改装排气管等行为，原则上未经批准不得上路。

5. 对汽车内饰改装的法律法规

内饰方面的改装，理论上在不影响安全行车的情况下是可以改装的，但座椅是不允许私自拆卸或加装的，在车管所机动车登记的车辆结构特点是不能擅自更改的；另外较为常见的是改装车辆音响，目前市场上较为流行的是整体音响进行改装，音响的改装对于车辆的整体使用功能并没有影响，在允许范围内。

6. 汽车改装后备案

填写《机动车变更登记申请表》，然后提交《机动车所有人及驾驶人身份证明》、《机动车登记证书》、《机动车行驶证》、申请办理变更登记机动车的标准照片。

第二章
汽车动力性改装

1. 点火系统改装的目的和要求

点火系统改装的目的在于缩短充磁所需时间，提高二次电压，降低跳火电压，延长火花时期，减少传输损耗。

点火系统的作用是在发动机各种工况和使用条件下保证可靠而准确地点火，对点火系统的要求如下：

1）产生足以击穿火花塞间隙的电压。

2）火花应具有足够大的能量。

3）点火时刻应适应发动机的工况。

2. 高性能点火线圈的改装

下面以大众 CC2.0T 发动机改装高性能点火线圈为例讲解。

（1）拆卸原车点火线圈

如图 2-1 所示，沿箭头方向脱开插头，使用专用工具拔出点火线圈。

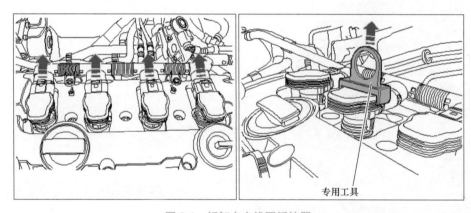

图 2-1　拆卸点火线圈插接器

（2）安装高性能点火线圈

1）将所有点火线圈插入火花塞孔内。

2）对齐点火线圈与连接插头，将所有插头同时插到点火线圈上。

3）将点火线圈用手均匀压到火花塞上，如图 2-2 所示。

3. 高性能火花塞的改装

下面以现代 K5 车型改装高性能火花塞为例讲解。

图 2-2　安装高性能点火线圈

（1）拆卸原车火花塞

1）拆卸点火线圈。

2）使用火花塞扳手，拧下火花塞（A），如图 2-3 所示。

（2）安装高性能火花塞（图 2-4）

按拆卸的相反顺序安装。

规定拧紧力矩：14.7 ～ 24.5N·m。

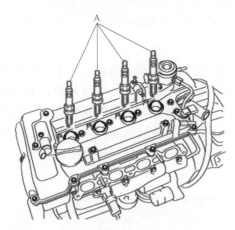

图 2-3　拆卸原车火花塞

图 2-4　高性能火花塞

二　进气系统的改装

1.进气系统改装的目的和要求

进气系统所涵盖的零件范围，从新鲜空气最开始经过的集气箱、空气滤清器，到之后的进气管路、节气门与进气歧管等，全部都属进气系统的范围。而强化进气系统的目的，在于提高进气效率，使发动机获得充足且密度更高的空气，配合足够的燃油来完成更高的动力输出，而这也是进气系统改造的核心方向。不过同样的改造手法应用在新旧车上却有不同的效果，关键原因在于最近 10 年内的新款车型，采用运算速度更快且管理方式更严谨的 ECU，使得进气系统改装有了不同的方式。

（1）升级进气系统的目的

强化进气系统的目的在于让发动机获得充足且密度更高的空气，以此来提高进气效率，配合足够的燃油供给来完成更高的动力输出。

1）过滤空气，保证空气中的灰尘杂质经过空气滤芯的过滤之后，进气清洁度达标，还要提升空气进入发动机的空气量，这是一个非常核心的需求。

2）降低空气温度。降低空气温度是解决发动机高强度做功稳定性的核心问题。通过升级进气风箱材质、位置、角度等，可以有效地降低进气温度。

3）更加稳定的进气管道材质，更圆润的管道内壁，更粗的管道内径，减少管道弯度等升级手段，都是为了增加进气质量和流量。

（2）改装进气系统的要求

1）改装空气滤芯。改装用原厂型高流量空气滤芯，它对于低速转矩的影响较小，高转速下还能提升功率，如图2-5所示。

"冬菇头"是让进气最顺畅的一种空气滤芯，非常适合经常跑山道、下赛道，经常拉高转速驾驶的车辆使用，如图2-6所示。

图2-5　原厂型高流量空气滤芯

2）装进气风箱。原厂的进气风箱由于发动机舱和管线走位，以及成本等诸多因素，往往都会比较基础。所以，为了更好地隔绝发动机热气，并且将车头较冷的新鲜空气导引至集气箱内，增强冲压增压效应，不少改装品牌都会针对一些改装性能车设计材质更好，隔热、集气都更为出色的高性能进气风箱系统。这类改装进气风箱的特点大多都是采用碳纤维材质，并且加大进气风箱体积，安装在汽车车头正对的方向，远离发动机热源，个别风箱内部会使用一些特殊隔热材料，如图2-7所示。

图2-6　"冬菇头"空气滤芯

图2-7　碳纤维风箱

3）改装进气管路。大多数原厂车辆的进气管路都是使用橡胶或者塑料作为主要材料，这种材质的进气管路，在正常用车的情况下，是完全没有问题。但是，对经常激烈高转速驾驶的改装车来说，这些管路肯定是完全不够用的。由于高速通过的空气造成的进气管路高温，再通过猛烈地开启节气门的操作，这些橡胶或者塑料管路就会出现变形，造成进气阻塞。所以，对于改装车来说，进气系统升级，不只是要更换高流量空气滤清器，更加重要的其实是对于进气管路的升级改装。

可以选择一个进气风箱套装，里面会包含"冬菇头"滤芯，碳纤维风箱以及碳纤维或者铝合金进气管路，也可以选择一些定制的铝合金或者耐高温硅胶的进气管。这样对于长时间高转速、空气高流量的发动机来说，是非常有必要的一个升级组件，如图2-8所示。

4）改装节气门。加大节气门，是不少大排量自吸车或者机械增压车型使用的一个增加进气量的改装升级方案。但是，由于目前的新车型都使用电子节气门，单独升级加大节气门，会导致电控系统故障，必须要配合相应的改装程序ECU的升级才能正常使用，而且价格都比较高，近几年加大节气门比较少被使用了，如图2-9所示。

图 2-8　改装进气管路组件

图 2-9　改装节气门

5）改装进气歧管。整个进气系统，升级改装的最后一步就是对于进气歧管的升级。加大和抛光进气歧管是比较常见的方法。正规的操作方式是跟镗缸一样，在保证整体结构稳定性的前提下，通过打磨歧管内部，加大内部直径，提高进气量。打磨的目的其实是增加空气进入的速度，避免原厂铸造歧管内壁粗糙的结构给空气流通造成不必要的摩擦和阻碍，如图 2-10 所示。

图 2-10　改装进气歧管

2. 高流量空气滤清器的改装

下面以 2016 年大众宝来 1.6L 发动机，改装空气滤清器为例讲解。

（1）拆卸原车空气滤清器

1）按压锁止件（见箭头），将进气软管从空气导管上脱开，如图 2-11 所示。

2）拔下曲轴箱通风软管 1，松开弹簧卡箍 2，脱开空气导流管 3，拔下制动真空管 4，沿箭头方向向上拉出空气滤清器 5，如图 2-12 所示。

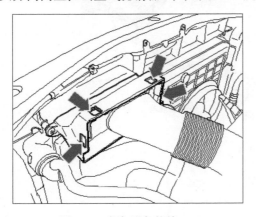

图 2-11　拆卸进气软管

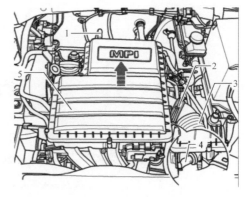

图 2-12　拆卸空气滤清器

（2）安装碳纤维空气滤清器

将碳纤维空气滤清器安装到节气门体上，如图 2-13 所示。

图 2-13　安装碳纤维空气滤清器

三　排气系统的改装

1. 排气系统改装的目的和要求

改装排气系统的目标就是减少排气阻力、提高排气顺畅度，排气系统的结构如图 2-14 所示。

自动档的车辆改装排气管时管径不能太粗，否则低速行驶时会很"没力"，这样的物理情况在新车上依然存在。

减少排气阻力是改装排气系统的主要目的之一，也就是适当减少三元催化器与排气管尾段所造成的背压。注意：不能拆三元催化器！但可以改装高流量的三元催化器，例如 MKL 三元催化器。

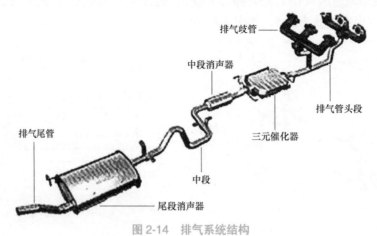

图 2-14　排气系统结构

2. 排气管头段的改装

很多原厂的排气管头段都是铸铁制品，因为都是大量铸造所生产的，所以内管壁粗糙，各歧管长度不一样，加上接合的方式、距离、形状等不够完善，很容易产生排气干涉现象，使各缸排出的废气相互碰撞，造成排气不畅。因此排气管头段的改装，在排气系统升级中显得尤为重要。

排气管头段是排气系统的开端，改装更高流量的排气管头段能增加排气效率，从而提升车辆的动力输出。头段排气是排气系统中温度最高的，因此更换性能更好的排气管头段还能使车辆得到有效散热，如图 2-15 所示。

图 2-15 排气管头段

优点：排气管头段是排气系统的开端，它主要由管路、软连接和三元催化器组成。改装更高流量的排气管头段能增加排气效率，从而提升车辆的动力输出。

缺点：如果更换高流量三元催化器，那么排出的尾气里往往含有较多污染物，对于环境而言十分不友好。如果选择了质量较差的排气管头段，还会增加排气共振，使乘员舱内的噪声更明显。

3. 排气管的改装

下面以宝马 3 系（F30）为例讲解。

1）拆卸拉杆。

2）拆下右后拉杆。

3）用合适的举升机支撑住排气装置并固定住以防脱落。

4）松开螺母，如图 2-16 中 1。

5）松开扁平卡箍，如图 2-16 中 2。

6）松开夹箍，如图 2-17 中 1。

图 2-16 松开螺母和扁平卡箍

图 2-17 松开夹箍

7）松脱插头，如图 2-18 中 1。

8）松开螺母，如图 2-18 中 2。

9）拆卸排气装置，如图 2-18 中 3。

10）准备好排气管改装套件，如图 2-19 所示。

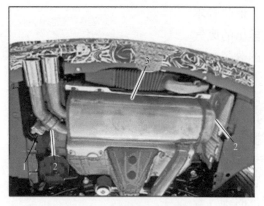

图 2-18　拆卸排气装置

图 2-19　改装套件

11）按拆卸相反的顺序安装排气装置，检查排气装置是否有泄漏，如图 2-20 所示。

图 2-20　安装排气管改装套件

四　发动机其他改装

1. 加装发动机外挂电脑

（1）发动机外挂电脑改装的目的和要求

1）发动机外挂电脑改装的目的。允许大幅度改动供油和点火、加高发动机的增压值、改变可变进气正时的开关时机和发动机的断油限制等。尤其是对于改装车，外挂电脑可以把发动机改装后的潜能完全发挥出来，而且由于原厂 ECU 的存在，车上大部分原装电子功能仍能得以保留。

对汽车发动机 ECU 输入加装外挂电脑的程序，使每辆汽车在不增加油耗、与原厂诊断系统完全吻合的基础上将功率与转矩提升 10% ～ 35%，并对汽车的起步、超车、换档时动力的衔接有很大改善作用。

2）发动机外挂电脑改装的要求。发动机外挂电脑遍布耐热线路，全面的环氧树脂漆保证了相当高的耐磨性和最佳的表面质量，通过优化散热性能，合理先进的热设计确保了长时间的耐用性和较低的芯片温度，因此可以保证发动机外挂电脑寿命很长。

（2）发动机外挂电脑改装

有两种简易的外挂电脑安装方法，一种是直插 OBD 接口，另一种连接进气管道和进气歧管。

下面以奥迪 A3 为例，讲解汽车发动机外挂电脑改装。

通过 OBD 接口进行数据实时对接，不用抹除原车数据，这个"OBD Ⅱ"动力电脑提供内部处理器，以自动监控发动机参数和学习用户的驾驶习惯，以创建自定义映射，从而提高用户车辆的发动机功率和效率，能够自动根据实时温度和油品等数据进行实时供油修正、空燃比修正和点火提前修正等，通过记录和分析数据记忆汽车发动机状况和驾驶人的驾驶习惯，如图 2-21 所示。

车辆电子设备都处于关闭状态，等待 5min 后开始安装外挂电脑。找到车辆内 OBD Ⅱ 接口连接上插口，如图 2-22 所示。

图 2-21　汽车 OBD 外挂电脑

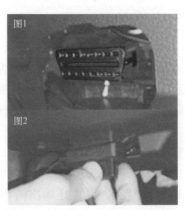

图 2-22　连接 OBD 接口

此时，设备上的 LED 灯处于发亮状态，说明连接成功。让车辆电子设备处于通电状态，设备连接成功如图 2-23 所示。

注意

不要起动发动机，不要踩制动踏板。

按住复位键 5s，LED 处于熄灭状态（图 2-24），松开等待 1min。起动发动机，让其急速运转 3min。如没有其他故障错误，则代表匹配成功。

图 2-23　设备连接成功

图 2-24　复位设备

2. 升级行车电脑

行车电脑升级起始于国外，传入国内后俗称为"刷 ECU"、汽车电脑升级、ECU 改装等。而正规的译法为 ECU 调校。它通过改写发动机的参数来优化发动机喷油量和点火时间这些内容，理论上在调校的初期能够起到降低油耗、减少废气排放量的功效，同时又能提升发动机的性能，改善节气门的反应。

通过重新改写发动机电脑里程序的办法，而不是让发动机工作在极限状态，将供油及点火曲线等参数在原厂数据基础上进行精细调整，优化多项数值，以达到增加输出功率、提升转矩、速度限制调整，以及降低油耗等目的。

3. 蓄电池的改装

（1）蓄电池改装的目的和要求

市面上的汽车起动蓄电池主要为铅酸蓄电池。随着汽车工业的快速发展，出现了一种新的电池技术——磷酸铁锂起动蓄电池。

磷酸铁锂起动蓄电池是以磷酸铁锂为正极材料的电池，属于我们常说的"锂电池"中的一种。

它的主要优势如下。

1）安全。其热失控温度在 500℃以上，优异的抗冲击及抗爆性能已获得业界的认可。

2）性能优异。其电压输出值在点火等瞬间高负荷情况下，均能稳定地保持在 12.8V 以上，对整车用电器及点火系统有极好的保护作用；得益于其稳定的电压输出，使得点火效率提高，让发动机发出更大的转矩及功率，同时亦能为车载音响系统提供更优质的电源系统。

3）轻量化。磷酸铁锂电池能量密度是传统铅酸蓄电池的 3 倍以上，意味着同型号的磷酸铁锂电池比传统铅酸蓄电池重量减轻 2/3 以上。

4）绿色环保。铅酸蓄电池对环境的严重污染尽人皆知，其含有大量的可致畸的重金属铅，处理不慎将对我们生存的环境带来极大的危害。但是磷酸铁锂电池不含有任何重金属与有害元素，无毒无污染，符合欧洲 RoHS 规定，是一种绿色环保电池。

5）寿命长。磷酸铁锂电池的 DOD 循环充放次数在 2000 次以上。在实际使用环境中，其寿命为同型号传统铅酸蓄电池的 3 倍以上。

（2）拆卸原车蓄电池

下面以大众 CC 车型拆卸原车蓄电池为例讲解。

1）关闭点火开关和所有用电器，将点火钥匙或起动按钮移至 0 位置（预锁止位置）。

2）打开锁止件（见图 2-25 中箭头），并拆下蓄电池箱的盖板。

3）首先，从蓄电池负极接线柱上拧下负极连接线紧固螺母（如图 2-26 中 1）。

4）然后，从蓄电池正极接线柱上拧下正极连接线紧固螺母（如图 2-26 中 2）。

5）拆卸蓄电池固定板螺栓和固定板，取下蓄电池。

（3）安装改装的蓄电池

1）将磷酸铁锂起动电池安装到车上，按拆卸的相反顺序安装。

2）正极和负极连接线紧固力矩：6N·m。

图 2-25　打开锁止件

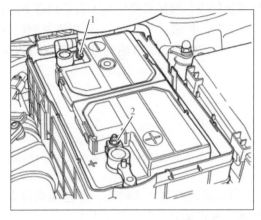

图 2-26　拆卸正、负极连接线紧固螺母

注意

先安装蓄电池的正极，再安装负极。

4. 加装电子节气门加速器

（1）电子节气门加速器的作用

它通过收集加速踏板位置传感器信号，将重新整理后的加速踏板信号传往电脑，提高发动机的响应性能，从而提高节气门灵敏度，加快起步速度，提升车辆瞬时加速性能，避免车辆突发性前窜，减少发动机积炭。

市面上有两种版本较为流行，一种是六模式可调的，另一种是四模式可调的。

六模式可调：

1）FH 模式（手动档全加速）：适合手动档车辆，通过改善汽车电子节气门响应速度，提升车辆瞬间加速性与爆发力，获得最佳提速效果。

2）FA 模式（自动档半加速）：适合手动档车辆，通过改善汽车电子节气门响应速度，提升车辆瞬间加速性与爆发力，获得最佳提速效果（效果只有全加速的一半）。

3）HH 模式（手动档半加速）：适合手动档车辆，通过改善汽车电子节气门响应速度，提升车辆瞬间加速性与爆发力，获得最佳提速效果（效果只有全加速的一半）。

4）HA 模式（自动档全加速）：适合手动档车辆，通过改善汽车电子节气门响应速度，提升车辆瞬间加速性与爆发力，获得最佳提速效果。

5）NOR 模式（原车设置）：本模式相当于恢复到原车控制，实现运动与舒适的平衡。

6）EC 模式（省油状态）：本模式延缓了节气门的响应，可实现经济又环保的要求。

四模式可调：

1）P1 模式（运动）：通过加快节气门响应速度，提升车辆瞬时加速性能和爆发力。车辆提速轻快，增加驾驶乐趣。

2）P2 模式（运动）：通过加快节气门响应速度，提升车辆瞬时加速性能和爆发力。车辆提速轻快，增加驾驶乐趣（效果只有 P1 的一半）。

3）NOR 模式（普通）：可以恢复原厂设定，实现运动与舒适的平衡。

4）ECO 模式（节油）：延缓节气门的响应速度，使得车辆乘坐舒适、节油环保。

（2）电子节气门加速器的安装

> **注意**
>
> 安装电子节气门加速器前需熄火 5～10min。

1）找到原车加速踏板，加速踏板位置传感器一般安装在加速踏板上（根据车型不同，位置会有点偏差，但不会太大）。

> **注意**
>
> 个别车型需要拆下加速踏板，如：宝马车型、奔驰车型。

2）拔下原车电子节气门插接器，注意看好端子卡扣，拔下插接器，以免损坏。

3）拿出电子节气门加速器主机，对准原车加速踏板端子插好，由于端子是专车专用，请看好端子是否匹配，如图 2-27 所示。

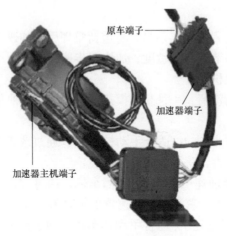

图 2-27　安装电子节气门加速器

> **注意**
>
> 安装后用绑带将线路固定好。

4）将显示屏拿出，把线束连接到主机。起动汽车看屏幕是否亮起，模式调节是否正常，如没有问题，把线路理好，不要影响驾驶，再将显示器固定在方便调整的位置即可。

第三章
汽车操控性与安全性改装

一　行驶与转向系统的改装

1. 普通轮胎的改装

（1）普通轮胎改装的目的和要求

轮胎改装就是升级轮胎扁平比，以获得车辆转向过程中更加灵敏的响应效果，且车身变形量更少，从而增加抓地力。

原厂改装，在不改变轮胎直径的条件下只改装轮毂轮胎，改装后在视觉上非常具有动感，使汽车趋向于运动型外观。而在体验上，则是在过弯时会感觉支撑性更强，侧倾有所缓解。

加宽轮胎宽度和改变轮胎直径，可以增加轮胎的接地面积，就是说提高了汽车的抓地力，对汽车加速性、制动性、行驶稳定性影响非常大。理想情况下，加宽轮胎之后会减少"烧胎"，让汽车动力输出更有效。但改装前需要考虑发动机动力是否充足、输出轴是否能承受住这么强的转矩，主减速器齿轮能不能承受这么大的应力。

改装轮胎也要注意与轮毂的匹配。轮胎和轮毂相加的直径要保持不变，所以轮毂尺寸大了，轮胎胎壁就会更薄。而轮毂直径每增加1cm，轮胎相应也要相应加宽一个尺寸。

而增加了轮毂的尺寸，也就相应增加了车轮的重量，起步、加速性能必定受到影响。所以，在追求美观的同时还需要在性能方面寻求平衡。也并不是没有既加大尺寸提高操控性，又能降低重量、提升加速性能的方法，图3-1所示是一个案例。

图3-1　轮胎轮辋改装

轮胎胎宽的增加对轮胎的影响：

1）提升抓地能力、过弯极限，过弯的稳定性和循迹性更强。

2）由于摩擦力的加大，减少了制动距离，加速也会更轻快。

3）由于摩擦力加大，噪声增大，油耗也会增加。

降低胎宽的效果与增加胎宽相反。

改装轮胎注意事项：

1）扁平比的改变涉及轮胎直径变化，直径的变化需要控制在3%以内，不然会影响时速表和里程的计算。

2）轮毂宽度与轮胎宽度必须匹配。比如，原厂使用了185轮胎，给它套一个215的轮胎上去，就应改变此轮胎轮毂宽度的标准，必须保证不出现"小脚穿大鞋的现象"。改装前轮轮胎的宽度，以打满方向后不擦碰到翼子板为限。

3）如果验车时对轮胎尺寸有要求，那就不能随便更改轮胎型号。

（2）普通轮胎改装

以规格为 185/60R14 的轮胎为例。轮辋直径为 14in[⊖]。侧壁高度为 185×0.6=111mm。因为轮辋上下有侧壁高度，所以总侧壁高度为 111×2=222mm。轮胎直径为 355.6+222=577.6mm。

如果要换成 195/50R15 的轮胎，有以下几个参数。

轮辋直径为 15in。侧壁高度为 195×0.5=97.5mm。因为轮辋上下有侧壁高度，所以总侧壁高度为 97.5×2=195mm。轮胎直径为 381+195=576mm。

与 195/50R15 的轮胎相比，185/60R14 的轮胎直径差为 577.6-576=1.6mm，直径差比为 1.6/577.6=0.27%，在 3% 的允许范围内，可以使用。

如果只是想加宽胎面，而不想改变轮胎的高宽比，也就可以选择规格为 195/60R14 的轮胎，此时可以得到以下参数。

轮辋直径为 14in。侧壁高度为 195×0.6=117mm。因为轮辋上下有侧壁高度，所以侧壁总高度为 117×2=234mm。轮胎直径为 355.6+234=589.6mm。

与 195/60R14 轮胎相比，185/60R14 轮胎的直径差为 589.6-577.6=12mm，直径差比为 12/589.6=2%，在 3% 的允许范围内，但接近极限值。轮胎的直径会有很大的变化。轮胎升级后，需要检查轮胎是否会与轮衬发生摩擦或碰撞，还要考虑减振器的缓冲系数。从以上计算可以看出，轮胎升级改造一般应遵循不改变或只少量改变轮胎外径的原则。

2. 越野轮胎的改装

（1）越野轮胎改装的目的和要求

轮胎的设计都是以适应特定路况为前提的，没有一种适应所有路况的轮胎，常见的轮胎包括如下几类。

公路胎：俗称 HT 轮胎。轮胎的特点是胎壁柔软，胎面花纹细密，在公路上行驶主要突出舒适与安静，强调的是公路转向操控性和一定的湿地性能。同样尺寸的轮胎，HT 轮胎在沙地上表现尚可，不易刨坑、陷车，但是在非铺装路面上很脆弱，容易损坏。HT 轮胎是大多数 SUV 出厂的标配。

全地形胎：俗称 AT 轮胎，是越野爱好者使用最广的型号。AT 胎的设计形式比 HT 轮胎更加千变万化，相对于 HT 轮胎，AT 的胎纹略显粗犷，胎牙的间距比 HT 略大。这种设计的负面效果是公路性能下降，噪声增大。但是，它的耐用性和在非铺装路面上的附着力超过一般的 HT 轮胎，算是性能最全面的轮胎，如图 3-2 所示。

图 3-2　全地形胎

泥地胎：俗称 MT 轮胎，只有越野发烧友和特殊路段工作者才会选用（图 3-3）。与 AT

⊖　1in=25.4mm。

轮胎相比，MT的胎壁更加坚强，胎牙更加凸显，胎牙之间的距离明显偏大，便于泥地行驶的时候慢速排泥或高速甩泥。另外，在一些恶劣的地面上（如凹凸不平的岩石地面上）更容易增加附着力。在公路上MT轮胎的行驶噪声很大，时速10km以下的时候甚至还能感觉到振动，制动和转向性能都与AT轮胎相差甚远。在下雨的铺装路面更容易失控。但是，一到非铺装地面上，它就能带给驾驶人超凡的抓地快感，特别是在恶劣地形上不易损坏，给人很强的信心。对MT轮胎大家往往有个误区，就是它在沙地里越野能力一定很强。实践证明，软沙地面是MT轮胎的杀手，如果没有差速锁，车速过慢或停顿，MT轮胎就只能"刨坑"。目前，市面上可以选择的MT轮胎并不多，还经常发生断货或者型号不全。

图3-3　泥地胎

雨林胎：俗称"蜈蚣胎"，选用者大多数把它用于各类有大量泥地的赛事。据说雨林胎始用于马来西亚雨林地带的农民，后来改良为越野车用途。雨林胎的胎牙很夸张，开玩笑地说，可以滚动几乎是它在公路上唯一的功能了，不过在泥地里它是"当仁不让"的高手，性能比普通的MT轮胎强不少。尽管雨林胎用的人少，但是越野迷们还是时常津津乐道，特别是胎面中间有三排"小牙"的那种（一般是两排），给人印象深刻。

（2）越野轮胎改装

1）入门级越野轮胎改装。适合把车当作日常工具，偶尔用越野调节一下心情的车主。花纹建议选择AT型号。由于日常用途的SUV的升高幅度一般在2in以下，所以轮胎尺寸的升级不宜过大，这样可以保持车子的原有性能，还能防止轮胎与车体刮蹭。若不沿用原车轮胎尺寸，可以参照以下车型推荐，适用于日常使用和轻度越野，轮毂一般不必更换，如表3-1所示。

表3-1　入门级越野轮胎改装

陆巡系列	265/75R16（100和120换此尺寸须换轮毂）
途乐系列	265/75R16
帕拉丁	245/75R16 或 265/70R16
帕杰罗系列（含猎豹）	265/75R16（V73换此尺寸须换轮毂）
庆铃竞技者	265/75R16 或 275/70R16 或 265/70R16
江铃陆风	265/75R16 或 275/70R16 或 265/70R16
长城赛弗	31X10.5R15 或 245/75R16
大切诺基	245/75R16 或 265/70R16
小切诺基	235/75R15 或 30X9.5R15
Jeep2500	245/70R16

2）"越酷级"越野轮胎改装。经过一段时间的越野阶段，车主对越野产生了自己的理解和乐趣，车子的悬架提升幅度一般在3in左右。建议此类车主采用AT轮胎甚至MT轮胎，

轮胎尺寸也可以大幅升级。大幅升级轮胎需要更换减小尺寸的轮毂，以防止转向时轮胎刮蹭车体。车型轮胎尺寸升级的参考标准，如表3-2所示。

表3-2　"越酷级"越野轮胎改装

陆巡系列	285/75R16（100和120换此尺寸须换轮毂）
途乐系列	285/75R16
帕拉丁	265/75R16
帕杰罗系列（含猎豹）	285/75R16（V73换此尺寸须换轮毂）
庆铃竞技者	285/75R16 或 275/70R16 或 265/70R16
江铃陆风	285/75R16 或 275/70R16 或 265/70R16
长城赛弗	32X10.5R15 或 265/75R16
大切诺基	265/75R16
小切诺基	31X10.5R15
Jeep2500	245/75R16

3）"狂野级"越野轮胎改装。越野是车主的至高乐趣，车子升高在5in以上，对公路性能的要求低于越野，并且不在乎大幅改装给车子带来的振动、噪声等负面影响。重心大幅提高的车子需要更坚实的侧向支撑，于是大幅缩小的轮毂和超大尺寸的轮胎（为了装特大尺寸轮胎，有些车型需要割掉部分车体）是不二的选择。MT花纹是入门级别，雨林、攀岩专用胎是最佳选择。车型轮胎尺寸升级的参考标准，如表3-3所示。

表3-3　"狂野级"越野轮胎改装

陆巡系列	315/75R16以上（100和120换此尺寸须换轮毂）
途乐系列	315/75R16以上
帕拉丁	285/75R16以上
帕杰罗系列（含猎豹）	315/75R16（V73换此尺寸须换轮毂）
庆铃竞技者	315/75R16以上
江铃陆风	315/75R16以上
长城赛弗	33X12.5R15 或 315/75R16以上
大切诺基	285/75R16以上
小切诺基	33X12.5R15以上
Jeep2500	285/75R16以上

3. 轻量化轮辋的改装

（1）轮辋的基础数据

轮毂制造中有一项关键技术称为"压力铸造"。铝合金轮毂在制造过程中首先要将金属物质加热至液态，然后将极高温的液态金属倒入不同的铸模，先通过"低压铸造""重力铸造"，然后再通过打磨、抛光等精加工来制出最终成品。

压力铸造技术就是在这样的铸造技术上演变而来的。对铸造后的毛坯轮毂进行再加工处理：主要是对轮辋部分进行旋转冲压，这个过程中轮辋部分被加热，同时旋刀进行旋转，将轮辋逐渐拉长变薄。此时，轮辋内部金属元素分子排列更为紧密，使得金属材料强度提高，如图 3-4 所示。

轮毂也称轮圈，香港、台湾和广东等地区的车友更乐意称之为"胎铃"。轮圈有万千种造型，不过其基本构造大致相同。

真正对轮毂升级起决定性作用的是轮毂直径（尺寸）、轮毂宽度（J 值）、偏距（ET 值）、孔距（PCD）以及孔位（螺栓数量），如图 3-5 所示。

图 3-4　轻量化轮辋

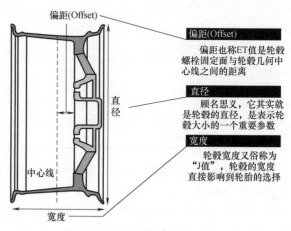

图 3-5　轮毂数据

轮毂直径（尺寸）的单位是英寸，1 英寸（in）=25.4 毫米（mm），我们常说的 17in、18in 就是指轮毂的直径，如表 3-4 所示。

表 3-4　不同尺寸的轮毂可安装的轮胎

不同尺寸的轮毂可安装哪些轮胎？			
轮毂宽度 /in	轮胎胎宽 /mm		
	可选胎宽	最佳胎宽	可选胎宽
5.5J	175	185	195
6.0J	185	195	205
6.5J	195	205	215
7.0J	205	215	225
7.5J	215	225	235
8.0J	225	235	245
8.5J	235	245	255
9.0J	245	255	265
9.5J	265	275	285
10.0J	295	305	315
10.5J	305	315	325

偏距（ET 值），各车都不一样。如果换装轮毂的中心孔过大，可以使用中心圈（又叫中心孔套环），否则高速行驶时，会造成车辆抖动。

孔距（PCD）以及孔位（螺栓数量）在每一辆车出厂的时候都已经确定了，升级所选的轮毂最好选择同样孔距和孔位的产品。

轮毂宽度（J值）是一个非常重要的参数，在不改动悬架系统的前提下（指仅仅升级轮毂尺寸），每一辆车能使用多少J值的轮毂都是有限值的。但不同车款的限值都不尽相同，而且它与悬架系统，轮眉宽度、高度都息息相关，超过最大限值往往会造成轮胎刮蹭悬架或者轮眉。

（2）轮辋的制作工艺

1）铸造铝合金轮毂。生产工艺方式采用"铸造"。用这种方式生产的经济效益好，把铝合金熔液浇注到模具内，经冷却成形、打磨，易于大批量生产。而且，这种方式可以生产很多花式，甚至是千奇百怪的造型，理论上只要能满足刚性需求就可以生产。

铸造轮毂材料的微观分子结构相对没有锻造轮毂材料的紧密，需要达到同等强度就需要用更多的"料"来填补。但是它强度高、韧劲好，即使爆胎了也不容易造成轮毂变形失圆。不过它最大的缺点就是重，而重正是轮毂升级的最大弊端，轮毂越重操控性越差。

2）锻造轮毂。锻造轮毂是由整块铝锭由千吨压力机直接挤压成形，由于工艺的原因，工程师需要考虑能否满足把轮毂造型"锻"出来这个前置条件。所以，锻造工艺的轮毂一般造型都比较简洁，花式不多。

锻造轮毂是追求轻量化的车主的首选。但是，由于它的材料延展性差（通常也可以讲很脆）的特性，受到强烈冲击容易碎裂，使用场景有所限制，多见于路况极好的赛车场。装备锻造轮毂的车辆行驶在公路上需要注意减速带、凸起的石块、坑洼等路况，遇到这种情况请减速慢行，这就是拉力赛车、越野赛车都使用铸造轮毂而不是质量更轻的锻造轮毂的原因。

4. 运动弹簧的改装

（1）汽车改装短弹簧的优点

1）车身降低了，降低了重心，个人感觉美观度好了，车子看着更顺眼了。

2）车子高速行驶时，稳定性增强了不少。

3）车辆过弯时减少车身倾侧，过弯更快。

4）车辆比没换弹簧之前滑行距离明显延长。

（2）汽车弹簧的类型

1）线性弹簧。线性弹簧从上至下的粗细、疏密不变，弹性系数为固定值。这种设计的弹簧可以使车辆更加稳定并保证线性的动态反应，有利于驾驶者更好地控制车辆，多用于性能取向的改装车与竞技性车辆。它的坏处是舒适性受到影响。

另外一些赛车与改装车会在较硬的线性弹簧上增加一个较细、较软的小型辅助弹簧。这种组合式弹簧除可以提高舒适性外，还能在主弹簧受压回弹时减少回弹力度，防止主弹簧因此脱离弹簧座。

2）渐进型弹簧。原厂车型通常使用渐进型弹簧。这种弹簧采用了粗细、疏密不一致的设计，好处是在受压不大时可以通过弹性系数较低的部分吸收路面的起伏，保证乘坐舒适感。当压力增大到一定程度后，较粗部分的弹簧起到支撑车身的作用。这种弹簧的缺点是操控感受不直接反映路况，精确度较差。

3）短弹簧。短弹簧相比原厂弹簧要短一些，而且更加粗壮，安装短弹簧，能够有效降低车身重心，减少过弯时产生的侧倾，使过弯更加稳定、顺畅，提升车辆弯道操控性。而原厂减振器的阻尼设定偏向舒适，所以短弹簧和原厂减振器在配合上不是很稳定，它不能够有效地抑制短弹簧的回弹和压缩，行驶在颠簸路面上时，会有一种不适的跳跃感。长此以往，减振器的寿命会大大减短，而且还有可能出现漏油的情况。

（3）拆卸原车前减振器

以本田第十代思域为例。

两侧前部减振器拆装方法一样，本文只对左前减振器进行讲解。两侧后部减振器拆装也方法一样，本文只对左后减振器进行讲解。

1）拆卸车轮转速传感器。

2）拆卸制动软管支架。

3）拆卸制动卡钳。

> **注意**
>
> ① 无须从制动卡钳体断开制动软管，拆下卡钳总成。
> ② 为防止损坏制动卡钳总成或制动软管，用一段钢丝将制动卡钳总成固定住。
> ③ 不要过度扭曲制动软管。

4）将稳定连杆的两侧从减振器上断开。

5）拆卸心轴螺母。撬起心轴螺母（B）上的锁紧卡箍（A），如图3-6所示。拆下心轴螺母。

> **注意**
>
> ① 重新组装时必须使用新的心轴螺母。
> ② 重新组装过程中，拧紧心轴螺母至规定力矩。

6）断开转向横拉杆接头球节。拆下开口销（A），如图3-7所示。

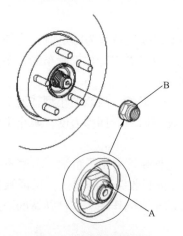

图3-6　拆卸心轴螺母

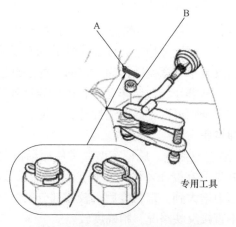

图3-7　断开转向横拉杆接头球节

> **注意**
>
> 在安装时，紧固螺母后安装新的开口销，如图3-7所示，弯曲其末端。

7）拆下螺母（B），如图3-7所示。用球节拆卸工具将横拉杆接头球节从转向节上断开。

> **注意**
>
> 在安装球节拆卸工具时，小心不要损坏球节护罩。

8）断开前悬架行程传感器。如果拆下了左侧减振器，从下臂上断开前悬架行程传感器。

9）断开下球节。

10）拆卸转向节/轮毂总成。

1 如图3-8所示，向外拉出转向节（A），用软面锤从前轮毂上分离外万向节（B）。

> **注意**
>
> ①不要向外拉驱动轴末端。否则，内驱动轴内万向节可能分离。
> ②过程中，在外万向节和前轮轴承的接触部位（C）上涂抹约3g的钼基润滑脂。

2 如图3-8所示，拆下减振器夹紧螺栓（D）。向下移动转向节，然后从减振器上拆下转向节。

> **注意**
>
> 安装过程中，将减振器单元的定位凸舌（E）落入转向节槽（F）中，如图3-8所示。

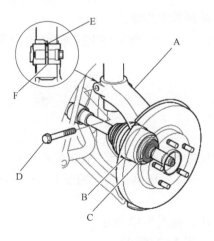

图3-8　拆卸转向节/轮毂总成

3 拆卸减振器总成。如图 3-9 所示，拆下法兰螺母（A）。

> **注意**
>
> ① 不要让减振器 / 弹簧在重力作用下掉落。
> ② 新组装时，使用新的法兰螺母。

4 如图 3-10 所示，拆下减振器总成（A）。

> **注意**
>
> ① 小心不要损坏车身。
> ② 安装过程中，使定位凸舌（B）朝向里侧，将减振器总成安装到车身上，如图 3-10 所示。
> ③ 安装时，如果配备了导向销（C），则用导向销对齐车身孔（D），如图 3-10 所示。

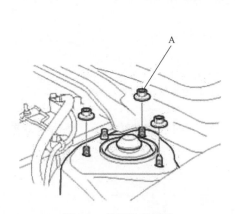

图 3-9 拆下法兰螺母

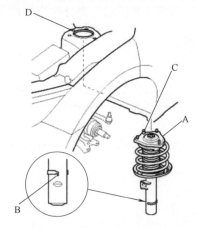

图 3-10 拆下减振器总成

5 分解减振器总成。

6 拆卸减振器单元、减振器安装座。

❶ 如图 3-11 所示，固定减振器 / 弹簧到支柱弹簧压缩工具上。压缩减振器弹簧。

> **注意**
>
> 拆下螺母时不要过度压缩弹簧。

❷ 用六角扳手（C）固定减振器轴，拆下自锁螺母（A）和长套筒（B），如图 3-11 所示。拆下减振器单元。放松支柱弹簧压缩工具上的压力。从支柱弹簧压缩工具上拆下减振器安装座 / 减振器弹簧。

❸ 拆卸下弹簧座橡胶块，如图 3-12 所示。

❹ 拆卸减振器弹簧，如图 3-12 所示。

❺ 拆卸上弹簧座限位橡胶块，如图 3-12 所示。

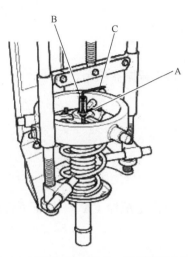

图 3-11　拆卸减振器单元、减振器安装座

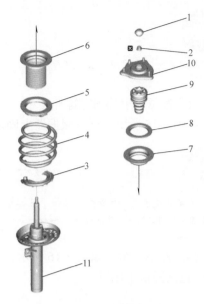

图 3-12　减振器分解

1—减振器螺母帽　2—减振器固定螺母　3—下弹簧座橡胶块
4—弹簧　5—减振器限位橡胶块　6—防尘罩　7—上弹簧座
8—安装轴承　9—缓冲块　10—减振器支座　11—减振器总成

⑥ 拆卸防尘罩，如图 3-12 所示。

⑦ 拆卸上弹簧座，如图 3-12 所示。

⑧ 拆卸减振器固定轴承，如图 3-12 所示。

⑨ 拆卸保险杠缓冲块，如图 3-12 所示。

（4）拆卸原车后减振器

1）举升车辆。

2）拆卸后轮。

3）支撑下臂。如图 3-13 所示，将千斤顶置于支撑下臂（A）下面。举升千斤顶直到悬架开始压缩。

4）拆卸左后减振器。如图 3-14 所示，拆下减振器下安装螺栓（A）和垫圈（B）。

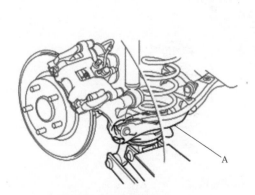

图 3-13　支撑下臂

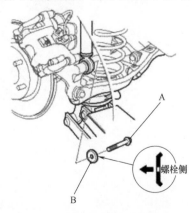

图 3-14　拆卸左后减振器固定螺栓

> **注意**
>
> 重新组装时，使用新的法兰螺母。

5）拆下减振器上的固定螺栓（A）。

6）如图 3-15 所示，拆下减振器上固定螺栓（A），拆下减振器单元。

> **注意**
>
> ① 不要让减振器 / 弹簧在重力作用下掉落。
> ② 重新组装时，使用新的法兰螺栓。

7）拆卸左后弹簧。如图 3-16 所示，拆下稳定连杆下固定螺栓（A）。 拆下下臂固定螺栓（B）。逐渐降低千斤顶。

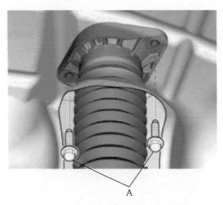

图 3-15　拆下减振器上固定螺栓

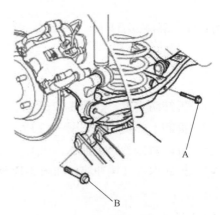

图 3-16　拆卸固定螺栓

8）如图 3-17 所示，拆下弹簧（A）、上橡胶座（B）和下橡胶座（C）。

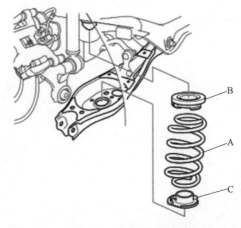

图 3-17　拆卸后弹簧

（5）安装运动短弹簧

前部运动短弹簧与前部原车弹簧的对比如图 3-18 所示。

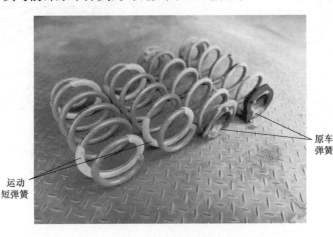

运动
短弹簧

原车
弹簧

图 3-18 运动短弹簧与原车弹簧

1）组装左前减振器。

1 安装减振器弹簧。如图 3-19 所示，安装减振器弹簧（A）到上弹簧座橡胶块（B）上，然后将减振器弹簧的上端（C）与上弹簧座橡胶块的突出部分（D）对齐。

2 安装下弹簧座橡胶块。如图 3-20 所示，安装减振器弹簧（A）到下弹簧座橡胶块（B）上，然后将减振器弹簧的上端（C）与下弹簧座的突出部分（D）对齐。

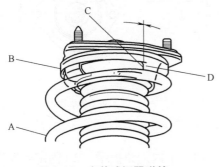

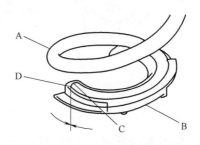

图 3-19 安装减振器弹簧　　　　　　　图 3-20 安装下弹簧座橡胶块

3 安装减振器安装座。如图 3-21 所示，固定减振器安装座 / 减振器弹簧（A）到支柱弹簧压缩工具。压缩减振器弹簧。

 注意

不要过度压缩弹簧。

4 安装减振器单元。如图 3-22 所示，安装减振器单元（A）到减振器弹簧 / 减振器安装座上。将下弹簧座橡胶块的突起部分（B）和减振器单元的下弹簧座的孔（C）对齐。

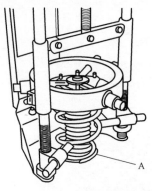

图 3-21 安装减振器安装座

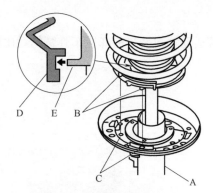

图 3-22 安装减振器单元

注意

重新组装减振器/弹簧后，确保防尘罩（D）正确定位到减振器单元的突出部分（E），如图 3-22 所示。

5 如图 3-23 所示，对准减振器安装座（B）上的双头螺柱（A）和减振器单元底部上定位凸舌（C）的角度。

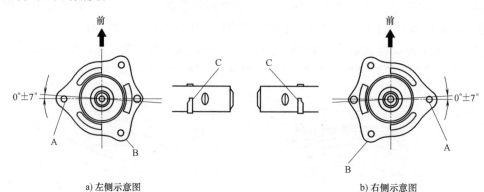

a）左侧示意图   b）右侧示意图

图 3-23 减振器安装位置

6 如图 3-24 所示，安装自锁螺母（A）。用一个内六角扳手（B）固定减振器轴，使用长套筒（C）紧固自锁螺母至规定力矩。将减振器/弹簧从支柱弹簧压缩工具上拆下。安装减振器盖。

7 按照与拆卸相反的顺序将减振器总成及零件安装到车上。

2）安装左后减振器。按照与拆卸相反的顺序将左后减振器总成及零件安装到车上。

3）安装左后减振器弹簧。如图 3-25 所示，通过将弹簧的上端（C）与上橡胶座的突出部分（D）对齐，安装上橡胶座（A）到弹簧（B）上。

4）如图 3-26 所示，通过将弹簧的下端（C）与下橡胶座的突出部分（D）对齐，安装下

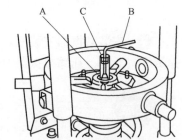

图 3-24 安装自锁螺母

橡胶座（A）到弹簧（B）上。

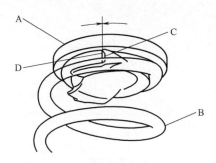

图 3-25　减振器弹簧上方的安装位置

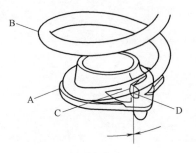

图 3-26　减振器弹簧下方的安装位置

5）如图 3-27 所示，安装下橡胶座的凸舌（A）到下臂（B）的槽（C）中，安装弹簧总成。

> **注意**
>
> ① 确保下橡胶座的凸舌正确安装到下臂（B），如图 3-27 所示。
> ② 确保弹簧安装正确。

6）慢慢举升千斤顶，直到螺栓孔与下臂（B）和转向节的孔对齐，如图 3-27 所示。

7）如图 3-28 所示，松松地安装新的下臂（B）安装螺栓（A）和新的稳定连杆下安装螺栓（C），但是不要拧紧。用车身重量加载悬架，并拧紧螺栓至规定力矩。

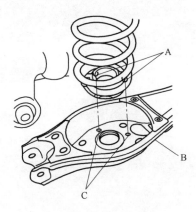

图 3-27　安装下橡胶座

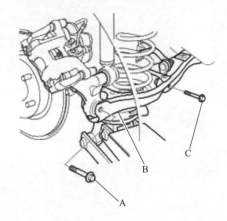

图 3-28　安装固定螺栓

> **注意**
>
> 如果另一步骤拆下或更换了后下臂（B），则同时拧紧调节螺栓，如图 3-28 所示。

8）安装后的效果如图 3-29 所示。

| a) 左前减振器 | b) 左后减振器 |

c) 前后轮胎与车身均为两指的间隙

d) 全车更换短弹簧的效果

图 3-29　安装后的效果

5. 数字胎压的改装

（1）胎压监测的作用

胎压监测系统简称为"TPMS"，它是"轮胎压力监测系统"的英文缩写。通过安装在轮胎上的电子传感器，它可以实时自动监测轮胎的各种状况，为驾驶人提供有效的安全保障，如图 3-30 所示。

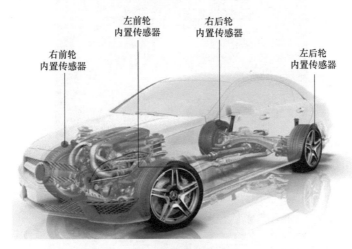

右前轮
内置传感器

左前轮
内置传感器

右后轮
内置传感器

左后轮
内置传感器

图 3-30　胎压传感器

轮胎是汽车最重要的部件之一，它直接关系到车主的生命安全，我们必须对其状态良好与否进行正确判断。而胎压监测系统好比是轮胎的体检仪，通过监测胎内压力、温度来诊断轮胎是否正常，并在显示器上实时显示，保障行车安全，预防爆胎，减少事故发生概率。

（2）常见的轮胎监测有两种

间接式胎压监测仅在仪表中显示轮胎压力报警信息。这种轮胎监测系统的工作原理是当某个轮胎的气压降低时，车辆的重量会使车轮的滚动半径变小，导致其转速比其他车轮快。此系统监测轮胎压力的方法是通过比较轮胎之间的转速差来实现的。间接轮胎警报系统实际上是通过计算轮胎滚动半径来监控气压的。

直接式胎压监测是显示每个轮胎的轮胎压力值。这种方法的工作原理是使用安装在每个轮胎中的压力传感器来直接测量轮胎压力，使用无线发射器将轮胎内部的压力信息发送到中央接收器模块，然后显示轮胎压力数据。当轮胎气压过低或漏气时，系统会自动报警，如图 3-31 所示。

（3）安装胎压监测

1）外置胎压监测。外置胎压监测，车主可以自行安装。外置胎压监测由传感器与监控器组成，传感器需要在 2 ～ 3 年后更换电池，监控器充电即可使用。安装时，使用者仅需将原来的气门盖更换成传感器即可。然后在驾驶舱内选择适当的位置放置监控器，气压的测量误差在正负 100kPa 之间。

外置式胎压监测安装方法：

第 1 步：开启胎压监测监控器，会听到警报声。

第 2 步：拆卸气门盖。

第 3 步：根据传感器位置提示，替换原有的气门盖，如图 3-32 所示。

第 4 步：根据说明书调整监控器显示的数据与类型。

a) 没有胎压传感器

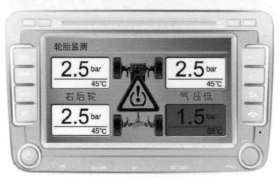

b) 有胎压传感器

图 3-31　胎压监测界面

　　2）内置胎压监测。内置胎压监测，需要到轮胎店或 4S 店售后进行安装。内置监测系统的与外置监测系统的部件组成相差不大，唯一的区别是传感器。内置胎压监测的传感器要替换原来的轮胎气门，所以需要专业人员和工具拆卸轮胎更换气门。不过，内置胎压监测的传感器电池寿命长达 10 年，如图 3-33 所示。

图 3-32　外置式胎压传感器安装位置

图 3-33　内置胎压监测传感器

　　内置式胎压监测安装方法：

　　第 1 步：找到 4S 店售后或轮胎专营店。

第2步：拆卸轮胎。

第3步：拆卸原有的气门并安装传感器，复原轮胎，如图3-34所示。

第4步：对四轮做动平衡调校。

第5步：根据实际情况，可能需要做四轮定位。

胎压监测
传感器

图3-34 内置式胎压传感器安装位置

二 制动系统的改装

1. 制动系统改装的主要内容和要求

制动系统的改装升级，就是要提升制动系统的性能以及缩短制动距离，最终目的是提高行车安全系数。

高性能制动系统应该具备以下条件：

1）整套制动系统里面的制动卡钳，应该配备多活塞制动卡钳，例如：4活塞卡钳，6活塞卡钳，8活塞卡钳，甚至是10活塞卡钳等。

2）制动系统轻量化设计。一套高性能制动系统，不仅是制动性能强大，而且应该符合轻量化的设计理念，减轻制动盘和制动盘中心轴的重量是车身减重的重要方法，这样可以节省燃油，还可以提高车辆加速度，从而提高了车辆的运动性能。

3）制动系统快速散热性能和耐高温性能：由于高性能制动系统所产生的摩擦温度是原厂制动系统的 2～3 倍，所以应具备快速散热的结构设计，并且用具备承受高温能力的合金材料制造。

2. 选择适合的制动片、制动盘

（1）制动片

原厂的制动片由于要照顾到成本、耐用、环保（制动片材料合格）和低温功效等要求，一般来说摩擦系数不会很高（大概在 0.4 以下），而且大多不能承受超过 300℃的温度。因此，在连续多次使用后便会发生制动效能衰退。所以，更换高性能的制动片就是我们改装制动系统的第一步。选择高性能制动片时要注意不要贪大的摩擦系数和超高温性能，摩擦系数太高会使得慢速行驶时的制动动作变得太敏感，每次轻触制动踏板都会令车上的乘客"人仰马翻"。此外，制动盘也会因磨损增大而降低寿命。耐高温型号的制动片在低温时的效果其实并不好。建议选购工作温度在 0 ～ 500℃左右、摩擦系数在 0.4 以上的"运动型"制动片，它能应付大部分情形的需要，如图 3-35 所示。

（2）制动液

有了耐高温的"运动型"制动片，当然需要有与之匹配的制动液。现在市面上常见的制动液的最高标准是 DOT5，符合这一标准的制动液干沸点为 260℃，当制动钳活塞的温度高于此干沸点时，便会使得部分制动液汽化。而当液压系统内蒸气过多时，会令制动踏板的空行程变长，严重时可能制动踏板踏到底也不能把车停住。另外，制动液是"吸水性"很强的物质，渗入了空气中的水分后沸点便会降低（水的沸点只有 100℃）。以常见的 DOT5 制动液（图 3-36）为例，干沸点 230℃，当渗入 1%（质量分数）的水分时，沸点就降低到只有 118℃。

图 3-35　高性能制动片

图 3-36　DOT5 制动液

（3）制动油管

大多数街车的制动油管是用有可塑性的材料（比如橡胶）制造的，较容易在接口处漏油和吸入水分。而且在高强度的制动时，这些管会因受热和受压而膨胀，令制动踏板行程变长并影响踏板的感觉。而选用带钢丝编织物制造的赛车用制动油管（俗称"制动钢喉"），不但耐热，而且坚固的钢丝层能提供很好的保护，令制动油管受外物刺破的可能性大减。常见的油管牌子有 Goodridge 和 Earl's 等，大部分车型都可买到专用的套装，如图 3-37 所示。

图 3-37　制动油管

（4）制动卡钳

换一套大型多活塞的制动卡钳能直接提高制动性能。道理很简单，制动卡钳大了，配用的制动片的总面积也大了，制动效能当然就更好了。改车界好像十分重视制动卡钳的活塞数量。当然活塞越多，施加在制动片上的压力和产生的温度就越均匀，还可增加活塞的总面积。增大活塞面积有什么好处呢？因为制动油管可承受的压强有限，加大活塞面积就能提高制动片对制动盘的极限压力了。

不过换用多活塞的制动卡钳后要达到相同的制动压力，就可能需要更大的制动踏板行程，也就是说要踩得更深。改善的方法是更换制动主缸，甚至是配用赛车式的双制动主缸来分别控制前后制动力的分配，以达到最个人化的理想效果。但这样改装成本非常高，一是越多活塞的制动卡钳价格很贵；二是改装制动主缸，尤其是双制动主缸涉及很多技术问题，而且要花不少的工时和材料。从实用角度去考虑，选择制动卡钳还是要讲求匹配，一般高性能街车采用4活塞的制动卡钳就足够了。另外，值得注意的是制动卡钳的重量，虽然外形差不多，但用轻合金制造的高档制动卡钳（如APRacing,Brembo等）比铸铁的产品轻很多，而制动系统是非簧载重量的一部分，负重多少对汽车的操控性是有直接影响的。另外，高档制动卡钳的散热性能非常高，对控制制动系统的温度帮助很大，如图3-38所示。

图3-38 APRacing 制动卡钳

（5）制动盘

制动系统的终端执行部件除了制动卡钳和制动片外，还有一个非常关键的部件是不可或缺的，它就是制动盘。制动卡钳的作用力传导到制动片，制动片和制动盘摩擦产生制动力，由此看出制动盘的作用。单从制动效能上看，制动盘的直径越大越好，但由于受限于轮胎尺寸，制动盘的尺寸不能盲目求大。制动盘的耐高温性能越好，制动效能越高，所以为了提高制动盘的耐高温性，可以对制动盘进行改装。

制动盘的种类，主要分成以下几种、实心盘、通风盘、打孔盘、划线盘。从功能上可以分为浮动盘、半浮动盘。

实心盘是最普通的一种制动盘，也是原厂配套使用最多的一种制动盘。它没有内部导风槽，没有打孔、划线等散热功能。它的优点是比较稳定，一般就是正常磨损，定期更换即可。它的缺点是太重，散热效果差，如图3-39所示。

通风盘的结构其实也非常简单，就是在实心盘的基础上，在其内部增加了中空通风结构，以达到更好的空气通过性能并减轻重量，如图3-40所示。

图3-39 实心盘

图3-40 通风盘

打孔盘的作用则是提供更强的散热效果，更高的制动强度。这会导致制动盘温度急剧增加，因此需要更多的空气流动进行散热，仅靠通风盘的效果已无法满足。通常采用多活塞制动卡钳的情况下，都需要更高效的打孔盘，如图 3-41 所示。

图 3-41　打孔盘

划线制动盘中划线的主要作用，是通过划线产生的线槽，刮下并排出制动片磨损留下的制动片粉末，以防止这些粉末影响制动摩擦力。同时也能满足一定的散热性并有减轻重量的作用，如图 3-42 所示。

打孔划线式制动盘则多见于性能车或者改装车。它通过在制动盘的摩擦面上打洞，以进一步提高制动盘的散热性能。不过打孔划线式制动盘也有缺点，它会加剧制动片的磨损，降低制动片的耐用性，如图 3-43 所示。

图 3-42　划线盘

图 3-43　打孔划线式制动盘

浮动式制动盘的优势在于汽车在高强度制动过程中产生大量热量，从而使得制动盘出现受热膨胀的物理现象，发生变形，影响正常制动效果，这也是热衰减的主要因素之一。而浮动式制动盘，并没有直接与中心盘锁紧，而是用浮动螺钉与中心盘之间保有少量的空间，制动时制动盘面与中心盘仍保有空隙，可左右摇动，但又能够确实固定中心盘与制动盘，这样的设计就能够解决过热与抖动的问题，如图 3-44 所示。

制动盘从材质上来说，可分为半金属摩擦材料、NAO 摩擦材料、粉末冶金摩擦材料、碳纤维摩擦材料。从材料上来说，这几种类型基本就是我们日常常讲的 HT250 盘、高碳盘、陶瓷盘。无非就是各个品牌的厂商对于内含各种混合材料的比例和工艺不同。对于改装车来说，我们都知道如果有条件就用陶瓷盘，没有条件就用高碳盘。它们的作用就在于更好的散热性，更好的热衰减水平和耐用性，如图 3-45 所示。

图 3-44　浮动式制动盘

图 3-45　陶瓷制动盘

3. 改装高性能制动片、制动卡钳

下面以本田第十代思域为例讲解。它的前后制动片、制动卡钳、制动盘拆装方法均一样，本文只对左前制动片、制动卡钳进行讲解。

（1）拆卸原车前制动片和制动卡钳

1 举升车辆。

2 拆卸前轮。

3 将制动软管从制动卡钳体上断开。

4 拆卸制动卡钳体，取下制动片，如图 3-46 所示。

5 拆卸制动卡钳，如图 3-47 所示。

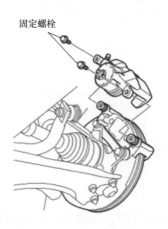

图 3-46　拆卸制动卡钳体

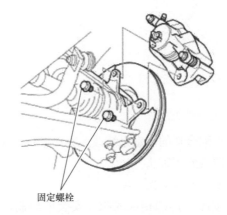

图 3-47　拆卸制动卡钳

（2）拆卸原车前制动盘

1 拆下制动盘平头螺钉（A），如图 3-48 所示。

2 拆下制动盘（B），如图 3-48 所示。

注意

如果制动盘卡在前轮毂上，将两个 8×1.25mm 螺栓（C）拧入制动盘，以将其推离前轮毂。拧动时每个螺栓每次转动 90°，以防止制动盘翘曲，如图 3-48 所示。

（3）拆卸原车制动软管

1⃣ 将制动管路（A）从制动软管（B）上断开，如图 3-49 所示。

2⃣ 拆下制动软管夹（C），如图 3-49 所示。。

3⃣ 拆下箱体螺栓（D），并将制动软管从制动卡钳体上断开，如图 3-49 所示。

4⃣ 拆下制动软管，如图 3-49 所示。

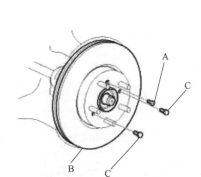

图 3-48　拆卸原车制动盘

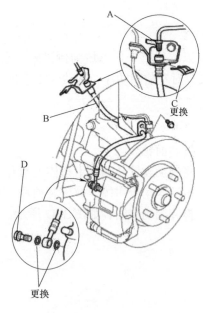

图 3-49　拆卸原车制动软管

（4）安装制动系统改装升级套件

1⃣ 选配合适的制动系统改装升级套件，如图 3-50 所示。

2⃣ 清洁原车轴头。

3⃣ 安装连接支架。

4⃣ 按照与拆卸相反的顺序安装前后制动盘、制动卡钳、制动片、制动油管等零件，如图 3-51 所示。

注意

· 制动盘、制动片接触面上不能有油污。
· 固定螺栓需按规定的力矩紧固。

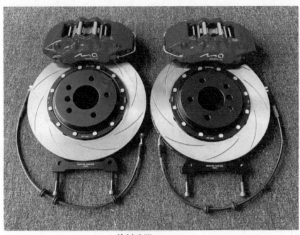

a) 前制动器　　　　　　　　　　　　　　b) 后制动器

图3-50　制动系统改装升级套件

a) 前制动器　　　　　　　　　　　　b) 制动油管

图3-51　安装制动器

⑤　如图3-52所示，检查制动卡钳的卡口与制动盘是否对正，如果有所偏差，可以通过加减专用调整垫片，调整制动卡钳的左右和高低。

⑥　安装轮胎后，需要检查制动卡钳是否与轮辋干涉。

图3-52　检查制动卡钳的卡口与制动盘是否对正

（5）制动系统排气

1 如图 3-53 所示，确保储液罐中的制动液液位在 MAX（上）液位线（A）处。

2 举升车辆。

3 按图 3-54 所示顺序，对制动系统排气。

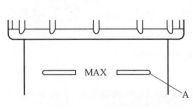

图 3-53 制动液液位

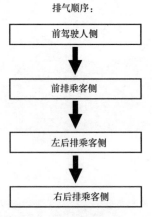

排气顺序：

前驾驶人侧

前排乘客侧

左后排乘客侧

右后排乘客侧

图 3-54 排气顺序

4 如图 3-55 所示，将一段通畅的排气管（A）连接到放气螺钉（B）上。

5 将排气管的另一端浸入盛有制动液（C）的干净塑料集液瓶中，如图 3-55 所示。

6 让助手缓慢地压下制动踏板数次，然后施加稳定的连续压力。

7 慢慢松开放气螺钉，以便将制动液排入塑料集液瓶中。随着制动系统放液，制动踏板向地板方向移动。

8 制动踏板到达地板处时，让助手扶住制动踏板，然后紧固放气螺钉。现在可松开制动踏板。

9 检查并重新加注制动主缸储液罐至 MAX（上）液位线。务必重新安装制动主缸储液罐盖。

10 重复步骤 3 至 6，直至通畅的排气管中的制动液变得新鲜，且油液中无气泡。

11 在放气顺序中为各个制动器重复这一步。

12 对后制动卡钳排气，施加和释放驻车制动 5 次，并再次进行后制动卡钳排气。

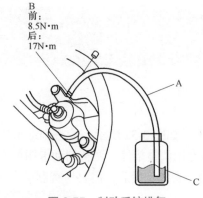

图 3-55 制动系统排气

> **注意**
>
> 对制动系统放气时，空气可能会滞留在后制动卡钳内。这是由电子驻车制动卡钳内复杂的液压路径造成的，所以该步骤很有必要。

三　加装车身强化件

1. 加装车身强化件的作用

一些家用车通常不太在意操控性和运动性，反而注重整车行驶过程的舒适性，这样会导致车身的刚性大大减小，刚性小的情况下转弯会给车身带来一定的倾斜和扭曲，影响轮胎和地面的接触面，造成车辆转弯性能和操控性能有所下降，加剧轮胎磨损、车身变形等情况。

强化件简单来说就是底盘升级。强化件对没有强化或者强化力度不够的底盘各个部件进行强化，使得车辆操控感觉更加灵敏，车身也会更多吸收来自地面的冲击。这样提高了舒适性，车辆行驶时也会更稳定，减少车身老化带来的松散感，还能将悬架的作用发挥到极致，使车身有效地分散扭转力，从而加强车身刚性，抑制车身扭曲。

2. 加装车身强化件的类型

（1）加强型防倾杆

它也称平衡杆（俗称"虾须"），当左右两轮行经相同的路面凸起或凹陷时，防倾杆并不会产生作用。但是，如果左右轮分别通过不同的路面凸起或凹陷时，也就是左右两轮的水平高度不同时，这样会造成杆身的扭转，产生防倾阻力抑制车身倾斜。也就是说当左右两边的悬架上下同步动作时，防倾杆就不会发生作用，只有在左右两边悬架因为路面起伏或转向过弯造成了不同步动作时，防倾杆才产生作用。因此，配合适当的防倾杆不但可以减少侧倾，更不必牺牲应有的舒适性和循迹性，如图3-56所示。

（2）前轮避振塔塔顶平衡拉杆

俗称"前顶巴"，主要作用在于提高车身刚性结构，改善车辆在弯道行驶中的稳定性和平衡性。它连接两个避振器，使车身两边的力保持一致。它能使车子在高速行驶中急转弯或避让时保持车身稳定，不至于侧倾乃至翻车，大大提高了行车安全性。此外，平衡杆还有抑制车身变形的功能，如图3-57所示。

图3-56　加强型防倾杆

图3-57　前轮避振塔塔顶平衡拉杆

（3）车架（井字架）底盘增强平衡拉杆

它也称前下底架，设计安装于后下左右摇臂的连接位置，如图3-58所示。

它的主要作用是拉紧左右摇臂，加强左右摇臂与后桥的连接强度，增强汽车过弯时的稳定性。

（4）纵杆

它也称中下底架，设计安装于前下左右摇臂的连接位置，如图 3-59 所示。

它的主要作用是拉紧左右摇臂，加强左右摇臂与前桥的连接强度，增强汽车过弯时的稳定性，这是为了强化车身刚性的不足。

图 3-58　车架（井字架）底盘增强平衡拉杆

图 3-59　纵杆

（5）前底横梁平衡拉杆

它也称前下底拉杆，设计安装于前下左右摇臂的连接位置，如图 3-60 所示。

它的主要作用是拉紧左右摇臂，加强左右摇臂与前桥的连接强度，增强汽车过弯时的稳定性。

3. 加装车身强化件

❶　拆卸防倾杆连接处螺母。

❷　拆卸下防倾杆进行替换安装加强型防倾杆，检查安装后防倾杆是否有异响、异常等情况，如图 3-61 所示。

图 3-60　前底横梁平衡拉杆

图 3-61　改装升级加强型防倾杆

❸　安装前下底拉杆（图 3-62），随后安装中下底架（图 3-63），然后安装后下底拉杆（图 3-64）。

❹　放下车辆，打开发动机舱盖。

❺　拆卸前避振塔螺母，安装上前避振塔塔顶平衡拉杆座并预紧，安装杆身并拧紧连接处的螺钉，拧紧脚座螺母，如图 3-65 所示。

图 3-62 安装前下底拉杆

图 3-63 安装中下底架

图 3-64 安装后下底拉杆

图 3-65 安装发动机舱防倾杆

6 安装后部防倾杆，如图 3-66 所示。

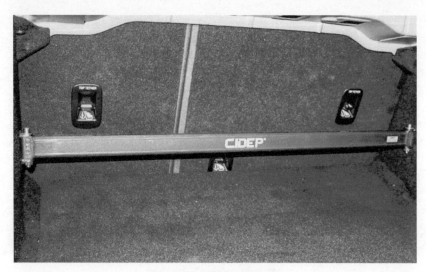

图 3-66　安装后部防倾杆

第四章
汽车装饰性改装

大包围改装

1. 大包围的材料

国内主要流行的汽车大包围材质主要有玻璃纤维材料、ABS塑料、合成树脂材料、聚酯塑料、合成橡胶等，下面就各种材料的性能做分析总结。

（1）玻璃纤维材料

此类产品价格较便宜，但韧性极差，成件安装、打孔麻烦。它的耐蚀性能好，对大气、水和一般浓度的酸、碱、盐，及多种油类和溶剂都有较好的耐蚀能力，热导率低，室温下为$1.25 \sim 1.67 kJ/(m \cdot h \cdot K)$，只有金属的几百分之一，是优良的绝热材料。在出现瞬时超高温时，它是理想的热防护和耐烧蚀材料。由于这种材料制造的时候收缩性较大，所以制造出的包围表面很容易会起波浪，经过一段时间的日晒后甚至可能出现裂缝。

（2）ABS塑料

此类产品因为是以真空吸塑成型的，厚度较薄，所以不能用作保险杠的包围材料，只能制作唇款的大包围。

（3）合成树脂材料

此类材料收缩性较小、韧性较好、耐热、不变形，所以制作出的产品表面光滑，同时抗扭转力较强，密合度较高，但价格相对也较高。

（4）聚酯塑料

此类产品为高压注射成型，有很高的韧性与强度。因为大多数汽车的原装保险杠也是采用聚酯塑料制造的，是相同的材料，所以它与车身的密合度亦是最佳的，寿命也较长。但此类产品造价极高，一般消费者难以承受。

（5）合成橡胶

它是目前高档汽车所采用的汽车外饰材料，由于具有抗冲击，不易变形，不易断裂，耐候性好（$-40 \sim -80℃$），且环保无公害等诸多优点，它已经成为国际汽车装饰业界公认最适合用作汽车装饰板的材料。合成橡胶大包围采用液体原料灌注而成，外形平坦、光滑，表面喷涂亮漆后，外观效果非常好。

2. 选择大包围

（1）整体性原则

要将车前后左右各包围件当作一个整体来设计。拿半包围和全包围进行比较，进行全包围时可能会去除原有保险杠，但其设计时可以把大包围按照一个整体进行设计并安装。半包围虽然在安全性上有一定优势，但它可能更多的是使装饰件更好地配合原车的轮廓，因而整体性能可能略差。

（2）协调性原则

各包围件的造型与颜色要与车身相协调，车身包围件应该与车身紧密配合，并且颜色尽量与车体颜色不要有太大色差，可以根据色彩的几个决定性因素进行搭配：

1）色彩的进退性。色彩根据人们视觉距离的不同可分为前进和后退色。例如，红色和黄色近距离看效果好些，而蓝色和绿色远点看会好些。

2）色彩的涨缩性。色彩根据人们视觉体积的不同可以分为收缩色和膨胀色。例如，蓝色和深绿色看起来要比实际的小，而黄色和白色则相反。

3）色彩的明暗性。色彩根据人们视觉亮度的不同可以分为明色和暗色。例如，红色和黄色为明色，这类物体看起来觉得大一些、近一些，而蓝色和绿色则为暗色，效果相反。

4）色彩的反差性。不同的颜色进行合理搭配，形成色差，其视认性和注目性将大大改善。一般情况下，前进色应该与后退色搭配，膨胀色与收缩色搭配，明色应该与暗色搭配。

研究结果表明，在天气晴好的条件下，浅色系的汽车安全性能高于深色系汽车，黑色汽车的事故率是白色汽车的3倍。通常情况下，比较容易被眼睛所辨别的颜色更能引起道路上驾驶者以及行人的注意，不易发生碰撞以及追尾等事故，交管部门的事故专家也很认同这些研究结果。在试验中，工作人员选取绿、黑、蓝、银灰、白5种颜色的车进行试验。对比试验结果发现，黑色车辆在清晨及傍晚时段光线不好的情况下，最难被人眼识别，而绿色及蓝色车辆的颜色安全性居中，所以在进行车辆装饰的时候，要注意进行合理搭配，夏天最好采用冷色，冬天最好采用暖色。利用色彩的特性进行合理搭配，可以使车主的爱车漂亮，同时还能增加行驶时的安全性。

（3）安全性原则

汽车安装包围后不能影响整车的性能和行车安全，设计时要考虑路面状况，所有饰件离地应保持一定距离。例如，加装大包围不当，虽然达到了美观的目的，但不符合空气动力学原理，不仅可能使原车的动力性能下降，增加油耗，还可能减弱行驶稳定性，造成不应发生的事故。另外，保证包围离地一定距离，可以提升汽车的通过性。

（4）标准性原则

大包围组件要符合国家有关规定，我国法律虽然没有对汽车的相关改装给出详细规定，只是规定不得私自改装车辆，但按照个人意愿安装汽车大包围，改变了车辆登记时的原貌，这是不符合国家法律规定的。所以，车主在加装大包围前，还是应该先咨询相关部门，以免给自己带来损失。

3. 大包围的分类

大包围基本分为泵把款和唇款两大类，其中泵把款类的包围，就是将原来的前后保险杠整个拆下，然后再装上另一款泵把。而唇款类的包围则是在原来的保险杠上加上半截的下唇，此款包围的质量与安装技术要求极高（图4-1）。

4. 改装大包围

大包围的组成有前包围、侧包围和后包围。

（1）安装前包围

❶ 对准备安装的前包围部件进行擦拭，把油污、污垢等清除，使安装部位清洁、干燥，进行安装前的准备工作。

| a) 改装大包围 | b) 加装下唇 |

图 4-1　大包围的分类

2 把安装工具和材料准备好。常用的安装工具有手电钻、锤子、旋具、活扳手和钳子等。准备好大包围总成的所有零件，根据安装说明书的要求进行相应的准备工作。

3 根据前包围安装位置的要求，在车的前端钻好安装孔，同时把孔边周围的毛刺去掉。

4 从保险杠下部将前包围插入，对准安装孔，从侧面用螺钉拧牢。

（2）安装侧包围

侧包围分左、右两部分，与前包围的安装方法相同。

1 清洗安装部位，准备好安装用的工具和材料，进行安装前的一切准备工作。

2 根据安装的要求，钻好安装孔。打开车门，把侧包围件置于安装位置，钻好安装孔，用螺钉拧牢。

（3）安装后包围

后包围件的安装方法也与前包围相同，但在制作时，后包围件上的消声器排气口变大了，从而显得更具美感。

（4）汽车大包围安装时的注意事项

选好的大包围总成的型号和颜色应与原车造型配套、协调，以使整车造型达到和谐的状态，这就为大包围装饰的成功奠定了基础。这样一来，在安装时比较简单方便，也容易保证安装质量。

二　尾翼改装

1. 概述

汽车尾翼的专业名称为扰流板，属于汽车空气动力套件中的一部分。它的主要作用是减小车辆尾部的升力，如果车尾的升力比车头的升力大，就容易导致车辆过度转向、后轮抓地力减少，以及高速稳定性变差。然而，目前安装尾翼已经成为年轻车主彰显时尚个性的一种方式，如图 4-2 所示。

在我国的一些地方常常将"汽车尾翼"称为"汽车导流板"，其实这种叫法是错误的。"汽车导流板"在轿车上确有此物，只不过是指轿车前部保险杠下方的抛物形风罩，而"汽车尾翼"则是安装在轿车后箱盖上的。国外一些人根据它的形状形象地称它为"雪橇板"，国内也有人称它为"鸭尾"。比较科学的叫法应为"汽车扰流板"或"汽车扰流翼"。

图 4-2　汽车尾翼

2. 尾翼如何选择

按材质来分，目前市场上的汽车尾翼主要有三种。

（1）玻璃钢尾翼

这类尾翼造型多样，有鸭舌状的、机翼状的，也有直板式的，比较好做造型，不过玻璃钢材质比较脆，韧性和刚性都不大，价格比较便宜。

（2）铝合金尾翼

这类尾翼导流和散热效果不错，而且价格适中，不过重量要比其他材质的尾翼稍重些。

（3）碳纤维尾翼

碳纤维尾翼刚性和耐久性都非常好，不仅重量轻，而且也是最美观的一种尾翼，现在广泛被 F1 赛车采用，不过价格比较昂贵。

3. 改装尾翼

汽车尾翼的安装方式主要有螺栓固定式和粘贴式两种。

粘贴式安装无需在行李舱盖上钻孔，不会发生漏水现象，但其稳固性和可靠性要差一些，如粘贴质量欠佳或黏合剂质量不良，使用一段时间后，有剥落掉下的现象发生。螺栓固定式安装牢固可靠，但因需要钻孔，会破坏行李舱盖的面貌，且安装不好会发生漏水现象。

（1）螺栓固定式

1 汽车尾翼的安装准备。安装前，准备好尾翼、安装工具并将行李舱盖清洗干净。

2 确定安装位置。先将白色的纸胶带粘在行李舱盖上要打孔的大概位置，然后将尾翼螺孔的位置涂黑，再将黑印印在白色纸胶带上，这两个黑印就是准确无误的螺孔位置。

3 钻孔。在黑印的位置用电钻打上合适的孔。

4 固定。将尾翼放到安装位置上，用固定螺栓锁紧。

5 清洁。安装完成后，将尾翼及安装部位清洁干净，再打上一层蜡，令尾翼更加光鲜亮丽。

（2）粘贴式

此方法较为简单，在尾翼贴合面轮廓上贴上双面胶，然后在行李舱盖上找到适合的位置，直接将尾翼粘贴上去即可。

（3）汽车尾翼安装误区

1 尾翼越大越好。安装尾翼除了具有美观作用外，更大的作用是高速时为爱车提供必要的稳定性。由于大多数汽车以城市道路行驶为主，车辆根本达不到尾翼能够发挥作用的速度，尾翼的体积越大，低速阻力就越大，再加上很多车安装的是铝合金尾翼，车身整体重量增加，会导致油耗的上升。

2 加装尾翼一定节油。汽车加装尾翼只有在高速行驶时才能节油，如果汽车经常在城市道路行驶，车速较低，加装尾翼后不但不能节油，反而会费油。因为汽车表面的凸出物越少，线条越流畅，空气阻力就越小，增加的尾翼毫无疑问会增大空气阻力，所以油耗也就会上升。为此，私家车是否需要加装尾翼应根据实际情况确定，即经常高速行驶可以加装，经常低速行驶不必加装。

三 导流板改装

1. 导流板和扰流板如何选择

（1）汽车导流板

为了减少轿车在高速行驶时所产生的升力，汽车设计师除了在轿车外形方面做了改进，将车身整体向前下方倾斜而在前轮上产生向下的压力，将车尾改为短平，减少从车顶向后部作用的负气压而防止后轮飘浮外，还在轿车前端的保险杠下方装上向下倾斜的导流板。

（2）汽车扰流板

汽车扰流板是指安装在轿车行李舱盖上的，类似倒装的飞机尾翼的部件。有的汽车上装有前扰流板，俗称"气坝"。有的汽车上侧部装有侧裙，也是扰流板的一种。后扰流板实际上也被称为"汽车尾翼"。一方面，它使轿车外形增添了动感；另一方面，它更重要的作用是有效地减少了车辆在高速行驶时产生的空气升力。

2. 导流板的作用

导流板的作用是为汽车起到稳定的作用。

3. 安装导流板

1 拆下前保险杠下部的车身板件。

2 在前保险杠的下面换上新导流板，并与两个轮罩对中，还要保证导流板前面的上缘落在前板的里边。

3 用钳子把导流板的边角夹紧到轮罩上。

4 将前车身板件的安装孔用画线方法转画到导流板上。

5 将导流板端部的安装孔用画线方法转画到导流板上。

6 用 6.35mm 的钻头钻 6 个孔，穿过金属薄板和导流板。

7　用螺栓松弛地将导流板安装就位，检查是否正确对中。

8　拧紧所有的 6 个紧固件。

四　车身车衣

1. 如何选择车身车衣

（1）隐形车衣

隐形车衣就是在车身上覆盖一层透明的膜。

作用：提升漆面亮度。多数人会选择隐形车衣，它性价比高，可以提升车身表面亮度、防止刮蹭，轻微的刮蹭、划伤可以自动修复。它还可以把车漆和外界隔离，防腐蚀抗氧化，如图 4-3 所示。

图 4-3　隐形车衣

目前隐形车衣材质主要是 TPU，其次还有 PVC、PU。

PVC——聚氯乙烯，英文全称 Polyvinyl chloride。

优点：材质硬，抗冲击能力好，价格低。

缺点：无法实现包边、掉胶、不能抵抗划痕、使用年限短，一年内就可能出现发黄、桔皮、开裂、发乌等现象，不能二次回收利用，会污染环境。

PU——聚氨基甲酸酯、聚氨酯，英文全称 Polyurethane。

优点：同比上代 PVC 韧性增强。

缺点：耐候性差、抵御碱性物质腐蚀力差、会逐渐黄变、划痕无法修复。

TPU——热塑性聚氨酯，英文全称 Thermoplastic urethanes。

优点：具有优异的耐磨性、耐臭氧性，强度高、弹性好。

具有良好的耐低温、耐油性、耐化学药品等性能、可回收加工利用，环保。

缺点：生产工艺复杂，成品率低、价格高。

TPH——高分子增塑混合聚氨酯，英文全称 Thermoplastic poureplastic Hybird。

优点：具有 TPU 相同的物性与品质，性价比高，可回收利用，环保。

缺点：易于轻微黄变，易翘边，拉伸率低，质保时间短。

（2）改色膜

改色膜就是在车身上贴上一层膜来改变车身颜色。

作用：改色膜的首要作用就是给汽车换颜色，让车子更炫酷，把车漆和外界隔离，防止车漆氧化受损。它方便环保，不需要的时候可以直接撕掉，如图4-4所示。

1）亚光彩色膜：低亮度反射，暗亚高贵，适合稳重大气的车型，更显绅士风度，如图4-5所示。

图4-4　改色膜

图4-5　亚光彩色膜

2）亮光彩色膜：色彩鲜亮明快，专色逼真，时尚运动感强，适合超跑一族、运动型家轿以及两厢车，也可以为稳重车型增添另一番情趣。

3）亮光金属膜：剔透明亮，配合点点晶光，又有珍珠般的柔滑细腻，是时尚动感的真实展现，适合时尚男女闪动活跃的气质，为爱车增添灵动气息。

4）电光金属膜：面层光滑晶亮，质感强烈，凸显车身的线条，容易打理保养，适合高端商务轿车，能更好地体现个人品位。

5）拉丝金属膜：产品效果直观明显，金属质感强烈，表面拉丝细腻、均匀度好，时尚动感。

6）碳纤维膜：碳纤维质感亚光表面，强调立体感与典雅高贵感，以黑白灰色为主，适合中高端稳重车型及汽车内饰贴膜，效果极佳。

7）亚光金属膜：膜层含有闪亮金属颗粒，时尚质感，贴膜表面光滑细致，靓丽奢华，是高端汽车首选的个性改色方案。

8）电镀镜面膜：高亮镜面反射效果，耀眼突出，独有的增光涂层，个性炫酷，打造黄金级别车身改色，适合各类炫酷超级跑车。

9）亚光电镀膜：看上去具有硬金属的刚性表面，线条流畅，立体而有深度，男性的刚强魅力通过光亮硬朗的爱车线条一览无余。

2. 施工环境

施工环境要达到标准化喷淋降尘车间的要求，以减少汽车贴膜过程中灰尘与其他材质的污染，如图4-6所示。

图 4-6　施工环境

3. 车身车衣施工

（1）施工前准备

工具：膜、刮板、烤枪、美工刀、清洗工具。

改色膜准备：包括整个车身风格的设计，膜颜色、品种的选择。

施工环境的准备：最好是恒温、有降尘处理，灯光充足。

人员准备：2～4人，用以配合作业。

（2）清洗车辆

首先进行全车清洗，其次进行边缝精细刷洗，再用软毛刷配合清洗液对汽车标志以及所有边缝，还有三盖四门的边槽精细刷洗。注意及时配合低压淋洗作业清洗干净。外表收水，大毛巾收水，边侧大毛巾双对折，一次性收干水。

（3）内室吸尘

从上至下，移动座椅把底面及两边吸干净，包括行李舱及备胎部位。吸尘后对物品进行擦洗与整理。吸尘器管必须用手托起，避免与漆面及桃木摩擦，烟灰缸要求清洗与吹干。

（4）裁膜

根据车身贴膜部位裁取改色膜，注意余料的合理利用搭配。裁膜时需保持膜的平整，最好在毛毯上切割，车膜切忌折叠。

（5）改色贴膜

两人配合撕开膜边角。将有黏性的一面从汽车贴膜部位的一角依次覆盖于车身表面，过程中必须保持改色膜的平整。用刮板把膜紧压车面。褶皱、气泡处理：用烤枪软化膜面，除去褶皱。细小气泡一般是细小灰尘引起的，可用小刀片处理。

（6）边角处理

沿车线/边缝用小刀划去多余部位，用烤枪软化拉伸，以达到完整的表面效果。部分部位可拼接膜处理。注意勿刮伤漆面。

（7）后期工作

做好卫生清洁、收尾工作，静置24h以上效果最佳。

第五章
汽车越野性改装

一 加装车身护杠及底盘护板

1. 车身护杠的作用及分类

越野车行驶的路况比普通车辆恶劣得多，所以需要加装防护杠来加强外部防护。越野车的防护杠可以起到保护车身的作用，而且还可以起到方便驾乘人员上下车的作用。

防护杠从结构上可以分为前杠、侧杠和后杠三类。

（1）前杠

目前市场上的前杠大致可以分为 U 形前杠和护灯前杠两种。

1）U 形前杠。U 形前杠的结构简单，可以保持车型原有的面貌，几乎任何车型都通用，但它只能防御正面撞击，不能抵挡斜前方的撞击。越野车安装上 U 形前杠，在越野场地可以翻越石头、泥土、树苗、杂草等障碍物，还可以保护车身和底盘。在城市道路行驶，越野车 U 形前杠的装饰性就大于实用性了，如图 5-1 所示。

图 5-1　越野车 U 形前杠

2）护灯前杠。护灯前杠可以全方位地保护汽车"前脸"，可以抵挡正面和斜前侧的撞击。越野车安装上护灯前杠，可以有效地保护车身。护灯前杠的材料常用的有工程塑料、高级不锈钢等，如图 5-2 所示。

图 5-2　越野车护灯前杠

（2）侧杠

侧杠也称边杠，是用螺栓固定在两侧车门下方的长管上，或长条状铝合金踏板上，所以侧杠也被称为踏板杠。它的直接功能是方便驾乘人员上下车，当车主需要往车顶行李架放置东西时，它就变成了脚蹬垫。同时，侧杠还可以起到轻微的防侧撞保护作用，如图5-3所示。

（3）后杠

后杠安装在越野车尾部，它一方面起到防护作用，另一方面可以通过在杠体中央的拖车方口上安装一个拖车钩，为同行者提供救援保障。后杠可分为单管式和双管式。后杠的材质与前杠一样，具有极高的硬度和韧性，如图5-4所示。

图5-3 越野车侧杠

图5-4 越野车后杠

2. 底盘护板的作用及类型

（1）底盘护板的作用

底盘护板的作用在于保护汽车的底盘和发动机等部位，防止由于发动机与地面离得较近时刮伤发动机，也可以保护汽车的底盘不受损坏，还可以防止泥沙侵蚀发动机的部件。所以底盘护板对于汽车的保护作用是很大的。

（2）底盘护板的类型

1）钢板。目前，钢板材质的防护板是选择最多的。它价格便宜，抗冲击性强。它的优势在于坚硬，日常行驶中轮胎卷起的泥沙石子对它来说完全构不成威胁，还有偶尔的托底也绝对不会对它造成破坏，严重的托底也只是轻微变形，正常使用是没问题的，所以选择的人很多。但是，这样的防护板一定要选用正规厂家的产品，而且选择时注意它的设计款式与汽车的匹配性，以及配套附件的品质。还应该知道它比较沉。

2）树脂。树脂防护板的重量轻，比钢板轻很多，也就3～4kg。这种防护板的价格也较便宜，生产工艺简单。用它应对泥沙侵蚀，甚至小刮小蹭的底盘伤害都没问题。虽然它有一定的韧性，但是稍微严重些的托底就很容易破碎，并且破损之后是无法修复的。所以，在整体强度方面它要弱于钢板，不过在发生较严重事故的时候，它可以帮助发动机顺利下沉。

3）塑料。很多车型的塑料防护板是原厂配备的，这种护板成本低、重量轻，但是很单薄并且强度很差，像小刮小蹭的底盘伤害，就会导致护板破裂，属于防护板中最低级的产品。

塑料护板主要在于阻挡泥沙和雨水，不能防止真正的摩擦和碰撞，所以那些底盘较高，基本不会出现托底情况的车型比较适合使用。

4）铝合金。铝合金护板是很多装饰店推荐安装的，因为这种防护板的利润高。它的价格和钢制护板一样，但比钢制护板轻，不会造成油耗的增加，但是硬度远不如钢质护板，如图5-5所示。

3. 加装车身防护杠

下面以SUV为例讲解加装操作。

（1）安装前后防护杠

前后防护杠都为塑料材质，能够有效地保护前后保险杠，在撞击的时候多一道屏障，可以更好地保护车辆及被撞行人。

使用自攻螺钉将前后防护杠固定在车上，如图5-6所示。

后防护杠同样使用自攻螺钉固定，配套的前后防护杠是不会遮挡住雷达感应器的，如图5-7所示。

图5-5　底盘护板

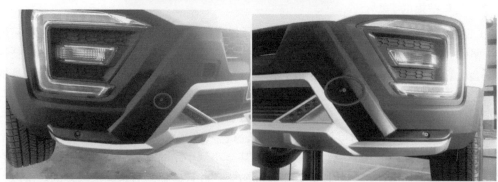

图5-6　用自攻螺钉安装前防护杠

用自攻螺钉固定后，贴上圆形的黏扣，如图5-8所示。

前后防护杠安装完成。

验收防护杠安装工程的注意要点：

图 5-7　用自攻螺钉安装防护后杠

图 5-8　贴上圆形的黏扣

1　看防护杠与车辆是否协调，有无影响车辆原有的配置。

2　安装是否两边对称，用力摇动时是否牢固，此时振动越小越好。

3　安装过程中是否改变了车体的部件，车身的螺钉是否恢复原位，所有的螺钉是否拧紧、是否牢固，这关系到防护杠的使用和安全问题。

（2）加装侧踏板

1　松开车身两侧前后轮与侧裙之间的连接螺钉。

2　拆卸两侧侧裙。

> **注意**
>
> 侧裙与车身用安装支架连接，务必小心拆卸以防卡扣损坏。

3　安装新支架，如图 5-9 所示。

4　安装固定踏板。

5　对好螺栓安装孔，安装踏板固定螺栓。

6　检查卡扣是否安装到位，检查底部及前后轮拱螺钉是否对准，如图 5-10 所示。

图 5-9　安装新支架

图 5-10　安装完成

二　越野车防滚架的改装

1. 防滚架的作用

防滚架又称为内笼、防滚笼，是加装在车身上的钢管框架，越野车加装防滚架的目的是防止车辆翻滚时车内人员受到伤害。当车辆发生翻滚时，防滚架可以抵御外力对车厢外层结构的冲击，最大限度地保持车厢内部的形状，在外壳受压变形的时候，起到支撑并保持车厢内部空间的作用，防止车体因严重变形而使乘客受伤或被卡在车内。

外置式防滚架是把防滚架安装在车外，防滚架主体与车身框架的主要构件相连接，对车辆形成一个包裹式的防护；内置式防滚架是在驾驶室内部安装的，形成了一个内部的防护框架结构。这种防滚架从内部与车身框架的主要构件相连。内置式防滚架是目前常用的保护装置，保护性能相当好，如图 5-11b 所示。

a) 外置式防滚架　　　　　　　　　　　　　　　　b) 内置式防滚架

图 5-11　防滚架的类型

2. 防滚架的组成

防滚架由主防滚栏、前防滚栏、横侧面防滚栏、后支撑杠、斜支撑杠、固定钢板、底座和加固板组成。

（1）主防滚栏

整体结构（无连接点）位于驾驶室内前座背后，护栏两端与车厢底板连接，并向上延伸横穿车顶。

（2）前防滚栏

形状与主防滚栏相同，位于驾驶者座位的前方，两端与车厢底板连接，上方至风窗玻璃顶端。

（3）横侧面防滚栏

其前端固定点与前防滚栏相同，向上至风窗玻璃顶端，再向后延伸至主防滚栏的拐角处并与其连接。横侧面防滚栏共有两根，需用一根位于前风窗玻璃顶端的直杠将它们连接。

（4）后支撑杠

必须有两根直的后支撑杠。它的一端固定在主防滚栏的拐角处，另一端向后下方倾斜，固定在一个最佳受力点的位置。后支撑杠与主防滚栏的垂直面夹角应大于 30°，并尽可能地靠近车厢内壁。

（5）斜支撑杠

斜支撑杠对防滚架有加强的作用。它的一端固定在主防滚栏的拐角与一根后支撑杠的连

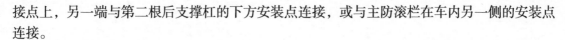

接点上，另一端与第二根后支撑杠的下方安装点连接，或与主防滚栏在车内另一侧的安装点连接。

（6）固定钢板

分为护栏（或支撑杠）底座和加圈板。

（7）底座

底座为一块面积不小于120cm²，厚度不小于3mm的钢板，焊接在防滚栏（或支撑杠）与车体连接端的端面上。

（8）加固板

安装在防滚栏（或支撑杠）与车体连接端的端面上，防滚栏（或支撑杠）与车体的固定点上。

3. 安装防滚架

防滚架安装在车内时应尽可能靠近车体，但不可因此拆除车内的装饰部件。前防滚栏或横侧面防滚栏在靠近风窗玻璃框的部分如不能保持笔直，则必须顺应风窗玻璃框的弧度。横侧面防滚栏与主防滚栏只可在主防滚栏的拐角处连接。

（1）防滚架固定方法

安装防滚架可以焊接固定，也可以采用螺栓固定，还可以混合使用这两种方法固定。

防滚栏、支撑杠及允许选用的加强支撑杠在与车体连接固定时，其固定点必须装有一块加固板。这块加固板如用螺栓固定，则必须放在车体外，用至少3条直径8mm且质量较好的螺栓固定。如用焊接方法固定，加固板则可以放在车内。后支撑杠和选用的加强支撑杠的底座和加固板的面积至少是标准加固板面积的三分之二。

如受固定点位置的限制，加固板面积至少也要有60cm²。斜支撑杆和后支撑杆尽可能使用一个固定点，否则两个固定点的距离不可超过10cm。斜支撑杠和后支撑杠与主防滚栏如不是一个固定点，其距离也必须保持在10cm以内。

防滚架其他的安装加固方法（可选择使用）：安装两根横向加固支撑杠，固定在前防滚栏和主防滚栏之间，或主防滚栏与横侧面防滚栏上，但不得占用乘员的行动空间或者给乘员带来不安全的隐患。

（2）安装车门护杠

车门护杠高度不可超过车门高度的二分之一，作用是加固防滚架的顶部。用纵向支撑加固主防滚栏和前防滚栏的连接点、横侧面防滚栏和主防滚栏的连接点，以及主防滚栏与后支撑杠的连接点。在乘员的身体或头盔可能同防滚架接触的位置，必须加设不易燃的柔性防护垫。必须使用冷弯法制作防滚护栏的拐角处，如钢管在弯曲时形成椭圆，则这个变形的比率必须在0.9以上。

第六章
驾乘辅助性改装

本章目录

一 抬头显示器的改装

1. 抬头显示器的作用

抬头显示器的主要作用是将导航、车速、蓝牙电话来电、ADAS 提示信息，利用光学反射的原理，投射到风窗玻璃上，而且还能够显示成彩色图像。这样一来驾驶人不必低头看仪表盘，可以让驾驶人专心驾驶，而且还进一步提高了汽车驾驶的安全性和舒适性，给驾驶人带来便利，如图 6-1 所示。

抬头显示器主要由数据接口、信息处理器、投影设备和承载显示设备四大部分组成。

2. 改装抬头显示器

下面以宝马 7 系（G11）为例讲解。

（1）拆卸仪表台

1）断开所有蓄电池负极导线。

2）拆卸后部中控台饰板。

3）拆卸储物格 / 后部 DVD 播放机。

4）拆下中间扶手杂物箱。

5）拆下前部杂物箱。

6）拆下踏板装置饰件：

❶ 向内松脱区域（如图 6-2 中 2）中的踏板机构饰件（如图 6-2 中 1）。

❷ 将锁止装置（如图 6-2 中 3）转动 90°。

❸ 将踏板机构饰件（如图 6-2 中 1）向内从导向件（如图 6-2 中 4）中取下。

❹ 解锁并脱开相应的插头连接。

图 6-1　抬头显示器

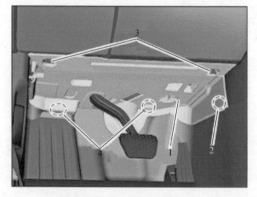

图 6-2　拆下踏板装置饰件

7）拆卸右侧脚部空间饰板。

8）拆卸中控面板盖板。

9）拆下中央控制台：

❶ 松开螺栓，如图 6-3 中 1。

❷ 松开螺栓，如图 6-4 中 1。

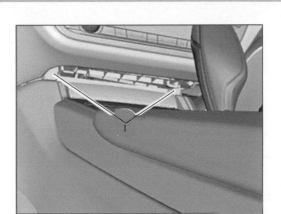

图 6-3　松开螺栓

图 6-4　松开螺栓

3 松开螺栓，如图 6-5 中 1。

4 松开车辆左侧的螺栓，如图 6-6 中 1。

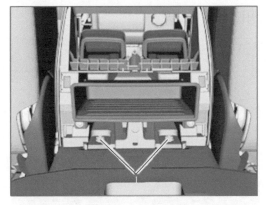

图 6-5　松开螺栓

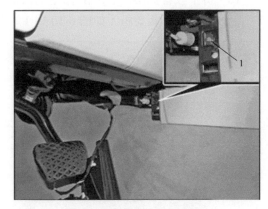

图 6-6　松开车辆左侧的螺栓

5 松开车辆右侧的螺栓，如图 6-7 中 1。

6 解除联锁并脱开插头，如图 6-8 中 1。

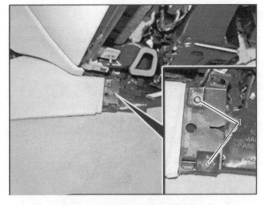

图 6-7　松开车辆右侧的螺栓

图 6-8　解除联锁并脱开插头

7 略微抬起中央控制台并向后拉动。

8 从车辆中抬起中央控制台。

10）拆下两根前部车门槛板嵌条。

11）拆卸左侧 A 柱脚部空间中的侧饰板。

12）拆卸右侧 A 柱脚部空间内的侧饰板。

13）拆卸左右侧 A 柱挡板。

注意

① 在对安全气囊执行所有维修工作前，断开蓄电池负极导线。

② 放置安全气囊单元时只允许气袋的一面朝上。

③ 松开饰盖（如图 6-9 中 1），松开位于其下的螺栓。

④ 将 A 柱挡板（如图 6-9 中 2）从夹子（如图 6-9 中 3）中松开并向上抽出。

14）拆下左侧仪表板上的装饰条。

15）拆下右侧仪表板上的装饰条。

16）拆下收音机操作单元和空调操作面板。

❶ 将中控面板盖板（如图 6-10 中 1）用专用工具向下松开。

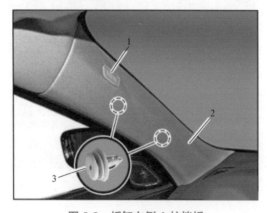

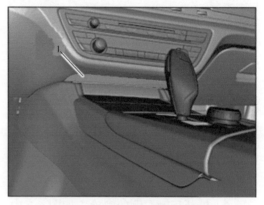

图 6-9　拆卸左侧 A 柱挡板　　　　　　　图 6-10　拆卸中控面板盖板

❷ 松开下侧的两根螺栓，如图 6-11 中 1。

❸ 将左右夹子（如图 6-12 中 1）解除联锁，同时用专用工具按压。

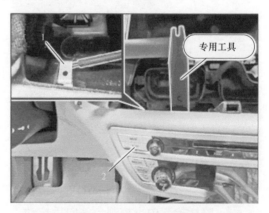

图 6-11　松开下侧的两根螺栓　　　　　　图 6-12　取下操作面板

❹ 取下收音机操作单元和空调操作面板，如图 6-12 中 2。

5 解除联锁并脱开插头连接，如图6-13中1。

6 抽出收音机操作单元和空调操作面板（如图6-13中2）的电缆（箭头）。

7 注意，插头（如图6-13中3）不得脱开。

17）拆卸机头高级单元（HU-H）。

1 松开螺栓（如图6-14中1），并将主机（如图6-14中2）从仪表板中拉出。

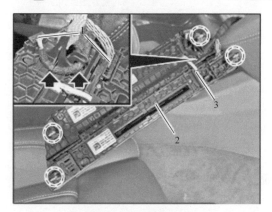

图6-13 拔出插接器   图6-14 松开螺栓

2 按正确的拆卸顺序将主机标记区域（如图6-15中1）内的所有插头解锁并脱开。

3 将卡子（如图6-16中1）解锁并取下导线支架，如图6-16中2。

4 解锁并脱开插头，如图6-16中3。

5 取下主机，如图6-16中4。

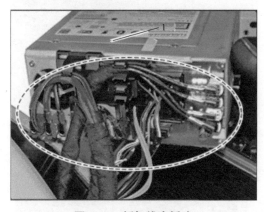 

图6-15 拆卸线束插头   图6-16 拆卸线束插头

18）拆下前部扬声器支架。

19）拆下车灯操作单元。

20）拆卸方向盘上的安全气囊单元。

21）拆下方向盘。

22）拆下转向柱饰板上部件。

23）拆下转向柱饰板下部件。

24）拆卸转向柱开关中心（SZL）。

1 松开螺栓，如图6-17中1。

② 取下转向柱开关中心（SZL），如图 6-17 中 2。

③ 将插头（如图 6-18 中 1）从转向柱开关中心（SZL）上解锁并脱开，如图 6-18 中 2。

图 6-17　取下转向柱开关中心

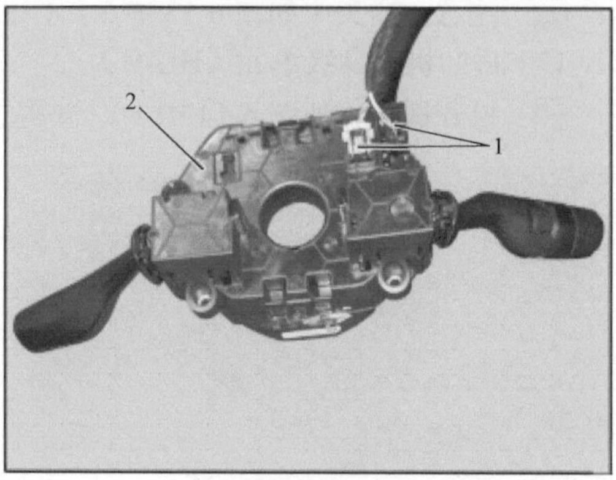

图 6-18　拆卸插接器

25）拆卸组合仪表的盖板。沿箭头方向松脱盖板，如图 6-19 中 1。

26）拆卸仪表 KOMBI。

① 松开螺栓，如图 6-20 中 1。

② 抽出仪表 KOMBI，如图 6-20 中 2。

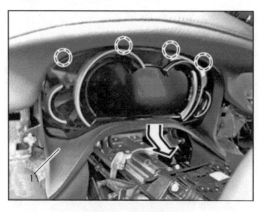

图 6-19　拆卸盖板

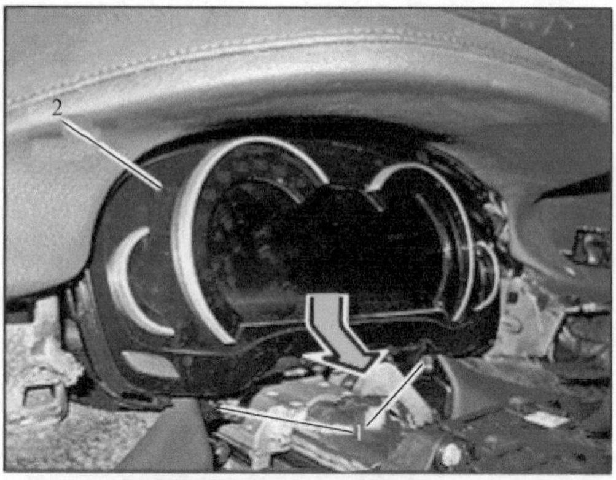

图 6-20　松开螺栓

③ 从组合仪表上解锁并脱开蓝色插头连接，如图 6-21 中 2。

④ 从组合仪表上解锁并脱开插头连接，如图 6-21 中 1。

27）拆下中央信息显示器（CID）。

28）拆卸左侧翻盖箱。

29）拆下仪表板。

① 松开螺栓，如图 6-22 中箭头所示。

② 在辅助人员的帮助下小心地向后抽出仪表板，并在此过程中脱开所有插头连接。

③ 将仪表板通过前乘客侧车门从车辆中举出。

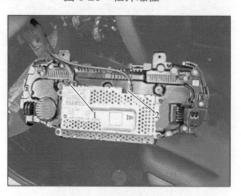

图 6-21　拆卸线束插接器

（2）安装抬头显示器

加装原厂抬头显示器需要给仪表台开孔或者更换带 HUD 的仪表台，仪表盘要换成带有抬头显示器接口的仪表盘。

安装平视显示系统：

1）连接附属的插头与平视显示系统。

2）将平视显示系统（如图 6-23 中 2）穿入架梁。

3）拧紧螺栓，如图 6-23 中 1。

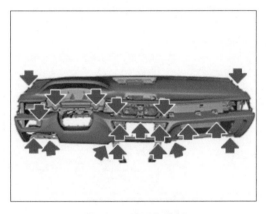

图 6-22 取下仪表板

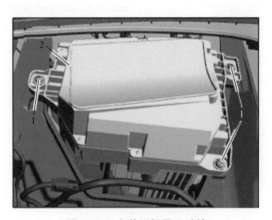

图 6-23 安装平视显示系统

4）按拆卸的相反顺序安装。

（3）开通 HUD 抬头显示

1）使用宝马工程师 E-Sys 软件进行开通。

2）连接车辆，如图 6-24 所示。

图 6-24 连接车辆

3）选择车型，如图 6-25 所示。

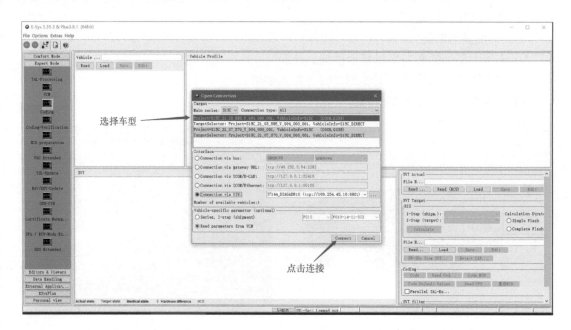

图 6-25　选择车型

4）读取 FA，如图 6-26 所示。

图 6-26　读取 FA

5）保存 FA，如图 6-27 所示。

图 6-27　保存 FA

6）添加 HUD、FA610，如图 6-28 所示。

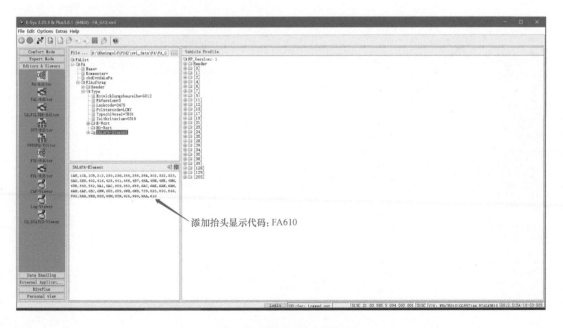

图 6-28　添加 HUD、FA610

7）点击保存，如图 6-29 所示。

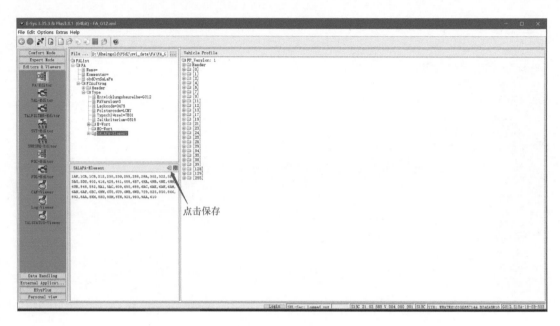

点击保存

图 6-29　点击保存

8）再次点击保存，如图 6-30 所示。

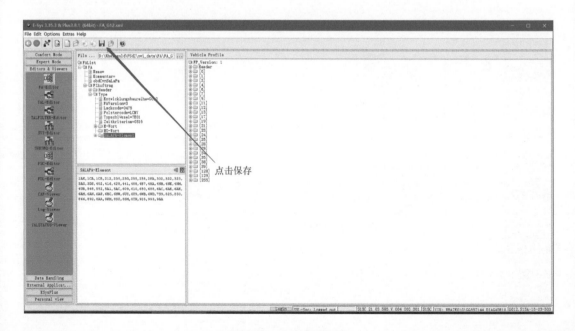

点击保存

图 6-30　再次点击保存

9）读取 ECU，如图 6-31 所示。

点击Read(ECU)
读取ECU

图 6-31　读取 ECU

10）对主机和仪表模块进行设码，如图 6-32 所示。

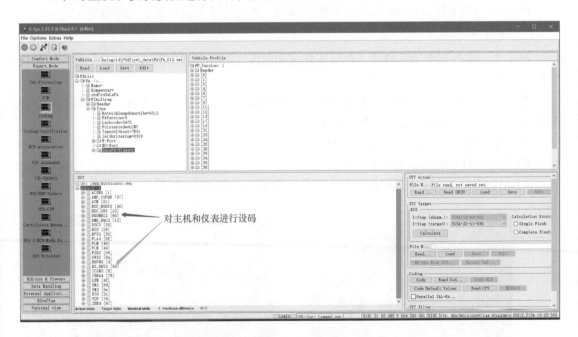

对主机和仪表进行设码

图 6-32　对主机和仪表模块进行设码

11）对抬头显示器功能进行测试。

二 车载导航的改装

1. 车载导航的作用

车载导航仪是一种能够帮助用户准确定位当前位置，并且根据既定的目的地计算行程，通过地图显示和语音提示两种方式，引导用户行驶至目的地的行车辅助设备。

车载导航仪的运行主要依赖全球定位系统（GPS）进行。车载导航仪主要由芯片、天线、处理器、内存、屏幕组成。

导航产品一般有3种：

1）便携式导航仪，就是用吸盘吸附在风窗玻璃上，导航地图是内置的，不需要安装，直接就可以用，非常简单方便。

2）车载DVD导航，就是通过修改汽车的电路和外观，将一个带导航功能的DVD嵌入到汽车里面。这个设备自己无法安装，需要找生产厂家或汽车维修点安装。

3）GPS导航手机，这个也非常简单，不需要安装，一般导航手机都内置完好的导航软件，打开就可以用。

2. 改装车载导航

下面以大众朗逸为例讲解。

（1）改装前工具准备

8mm外六角套筒、10mm外六角套筒、胶刀、大号十字螺钉旋具、绝缘胶带。

（2）改装前注意事项

第1步：接收到车主车辆后，对全车外观和车内仪表台进行全面检查。并与客户当场核实所有刮伤点。

第2步：起动汽车，检查汽车仪表台上各功能指示灯、转速表、燃油表、空调、原车音响设备是否正常，并做好记录与客户核实。

第3步：拆装仪表台，安装车载导航。

1）原车CD中控台，如图6-33所示。

2）用胶刀将原车CD周围桃木装饰框左下角撬出，如图6-34所示。

图6-33 原车CD中控台

图6-34 撬出桃木装饰框左下角

3）用胶刀将原车 CD 周围桃木装饰框右下角撬出，如图 6-35 所示。

4）用胶刀将原车 CD 周围桃木装饰框左上角撬出，如图 6-36 所示。

图 6-35 撬出桃木装饰框右下角

图 6-36 撬出桃木装饰框左上角

5）用胶刀将原车 CD 周围桃木装饰框右上角撬出，如图 6-37 所示。

6）将最右侧桃木装饰块撬出，如图 6-38 所示。

图 6-37 撬出桃木装饰框右上角

图 6-38 将最右侧桃木装饰块撬出

7）将原车 CD 周围桃木装饰框取下，如图 6-39 所示。

8）拆卸固定原车 CD 的 4 颗螺钉，如图 6-40 所示。

图 6-39 将桃木装饰框取下

图 6-40 拆卸 4 颗螺钉

9）连接尾部收音机转接线，如图 6-41 所示。

10）安装完成，如图 6-42 所示。

图 6-41 连接尾部收音机转接线

图 6-42 安装完成

三 方向盘改装换档拨片

1. 换档拨片的作用

换档拨片是一种快捷的换档设备，能够很大程度上提升驾驶人的操作方便性。

换档拨片一般位于方向盘后方。在操纵换档拨片时，驾驶人一般只需将档位推入 D 位、S 位或手动换档模式。利用换档拨片，驾驶人双手不离开方向盘就可完成换档操作。

因为换档拨片就位于方向盘后侧，所以换起来很方便，效率高。在很多拉力赛、场地赛甚至 F1 赛事中都采用了这一装置。

换档拨片有两种形式：固定式和随动式。

固定式：固定式的换档拨片与仪表台是保持静止的，也就是在转向的过程中，方向盘在转动而换档拨片静止不动。

随动式：随动式的换档拨片与方向盘是保持静止的，也就是在转向的过程中，换档拨片与方向盘整体同时旋转。

2. 改装方向盘换档拨片

下面以 2016 年宝马 3 系为例讲解。

（1）拆卸驾驶人侧安全气囊

1）将星形螺钉旋具 T27 恰好伸入隐藏的开口，如图 6-43 中 1 所示，直至出现弹簧阻力。

2）用星形螺钉旋具 T27 沿箭头方向压入弹簧夹圈，如图 6-43 中 2 所示，直至安全气囊单元解锁。

3）在左侧方向盘侧重复此操作方式，并小心地抬起安全气囊单元。

4）向后抬起安全气囊单元。

5）脱开插头连接，如图 6-44 中 1 所示，并拆下安全气囊单元。

（2）拆卸方向盘

1）将车轮及方向盘置于直线行驶位置。

2）拔下插头连接，如图 6-45 中 1 所示。

3）松开螺栓，如图6-45中2所示，拆下方向盘。

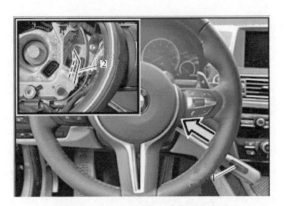

图 6-43　拆卸驾驶人侧安全气囊

图 6-44　脱开插头连接

注意

在松开螺栓（如图6-45中2所示）时，由第2个人固定住方向盘，以便减小转向柱上的随动力矩！

（3）拆卸变速器翘板开关

1）松开方向盘上的螺栓，如图6-46中1所示。

2）松开方向盘背面上的螺栓，如图6-46中2所示。

3）拆下装饰盖板。

图 6-45　拆下方向盘

图 6-46　拆卸方向盘背面上的螺栓

4）松开螺栓（如图6-47中1），并抽出线束（如图6-47中2）。

5）从方向盘中拉出方向盘电子控制装置，如图6-48中2。

6）将插头连接（如图6-48中1和3），从方向盘上松开并脱开。

安装说明：

❶　注意电线的正确铺设。

❷　注意插头连接（如图6-48中1和3）的位置是否正确。

3 注意方向盘电子控制装置（图 6-48 中 2）的位置是否正确。

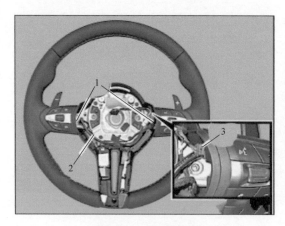

图 6-47 取出线束

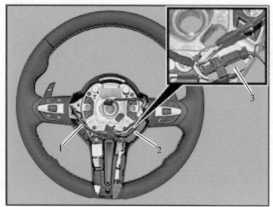

图 6-48 拆卸方向盘电子控制装置

7）通过方向盘存储器，如图 6-49 中 1 抽出电缆，取下翘板开关。

图 6-49 抽出电缆

安装说明：

1 注意电线的正确铺设。

2 注意翘板开关的正确位置

（4）安装控制线

1）加装换档拨片需要加装一条控制线到前部电子模块（FEM），相关电路图如图 6-50 所示。

2）从转向柱开关 A83*2 插头 3 号脚连接到 FEM 7B 插头 5 号脚。

3）转向柱开关插头示意图如图 6-51 所示。

4）FEM 模块插头示意图如图 6-52 所示。

5）接好线束安装方向盘。

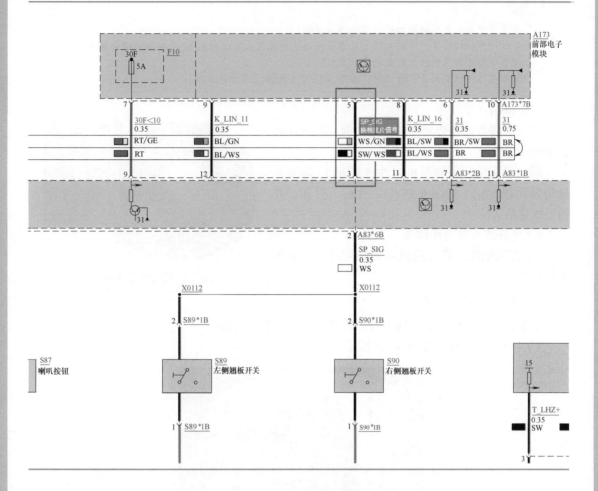

图 6-50　加装控制线电路图

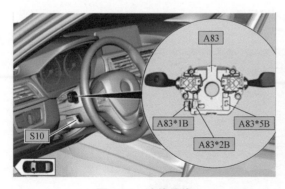

图 6-51　连线导线

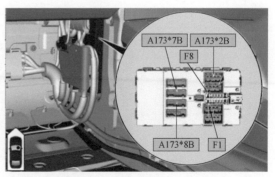

图 6-52　FEM 模块插头示意图

① 安装了带或不带机械防扭转装置的螺旋电缆。

② 无机械防扭转装置的螺旋电缆（在零位标记的检视窗上可以看见）：不要扭转螺旋电缆。

③ 检查中控开关转向柱上螺旋电缆的零位。

④ 只有当可清晰见到黄色标记时，如图 6-53 中 1 所示，零位才正确。

安装说明：

1 在将方向盘装到转向柱上之前，必须注意正确的电缆敷设。

2 根据标记（如图 6-54 中 1 所示），将方向盘与转向柱标记（如图 6-54 中 2 所示）对齐，并插上线束插头。

6）走好线束并连接插头。

7）拧紧螺栓，将方向盘装到转向柱上。紧固力矩：62N·m。

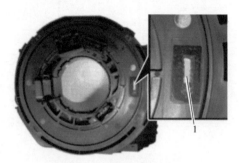

图 6-53　清晰见到黄色标记

（5）激活换档拨片功能

安装好方向盘后，用宝马工程师软件开通换档拨片功能。

1）打开 E-Syspro，如图 6-55 所示。

图 6-54　对准标记

图 6-55　打开 E-Syspro

2）连接车辆，如图 6-56 中箭头所示。

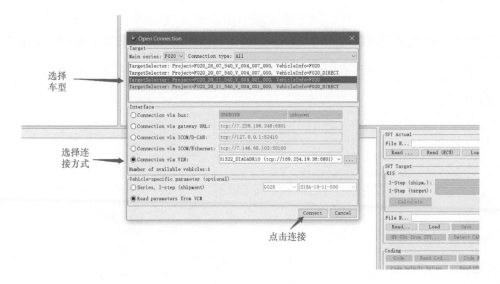

选择车型

选择连接方式

点击连接

图 6-56 连接车辆

3）读取 FA，如图 6-57 所示。

图 6-57　读取 FA

4）读取 ECU，如图 6-58、图 6-59 所示。

图 6-58　读取 ECU（一）

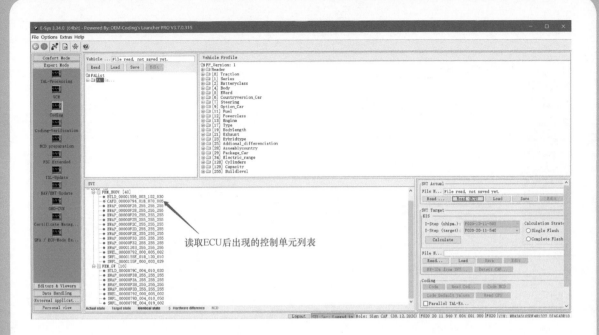

图 6-59　读取 ECU（二）

5）读取 CAFD，如图 6-60、图 6-61 所示。

6）编辑 CAFD 隐藏代码，如图 6-62～图 6-64 所示。隐藏代码是 PADDLES_VERBAUT 改为 aktiv。

图 6-60　读取 CAFD（一）

汽车 改装技术 一本通

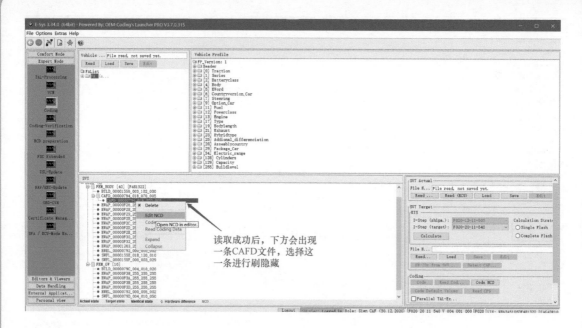

图 6-61　读取 CAFD（二）

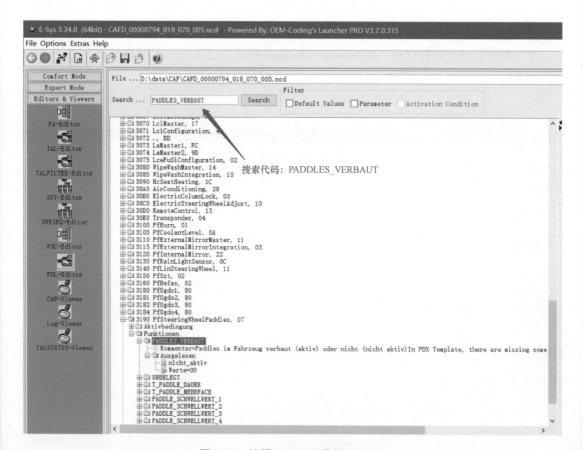

图 6-62　编辑 CAFD 隐藏代码（一）

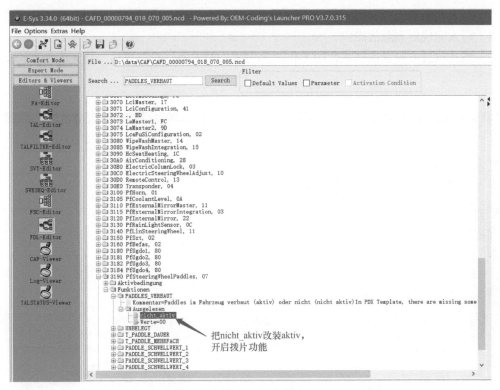

图 6-63　编辑 CAFD 隐藏代码（二）

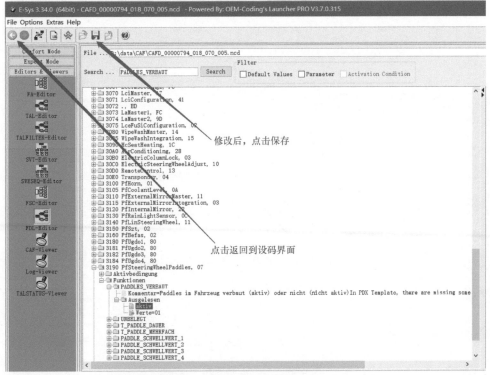

图 6-64　编辑 CAFD 隐藏代码（三）

7）写入控制单元，如图 6-65 ～图 6-67 所示。

8）写入完成后删除故障码。

9）到此改装方向盘换档拨片的工作全部完成，对车辆进行试车后，如无问题即可交车。

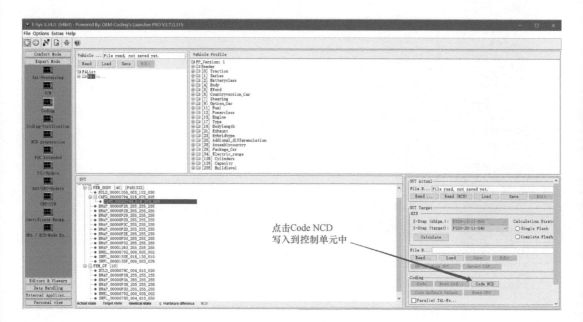

图 6-65　写入控制单元（一）

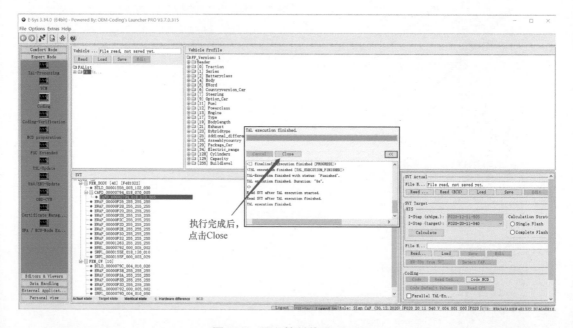

图 6-66　写入控制单元（二）

图 6-67　写入控制单元（三）

四　汽车一键起动系统改装

1. 汽车一键起动系统的作用

汽车一键起动系统是实现车辆点火、熄火的一个按钮装置，相对于传统钥匙起动更方便、快捷，省去了找钥匙、插钥匙孔、拧钥匙等操作。只要驾驶人身上带有智能钥匙，车辆会自动接收到感应，可以踩下制动踏板直接按下点火开关，直接起动车辆，如图 6-68 所示。

2. 汽车一键起动系统改装操作

1）拆方向盘罩。

2）拆卸点火开关，如图 6-69 所示。

3）拆卸转向柱锁，如图 6-70 所示。

4）连接线束。

■ 主机线束。一键起动主机线束连接示意图，如图 6-71 所示

图 6-68　汽车一键起动

图 6-69　拆卸点火开关

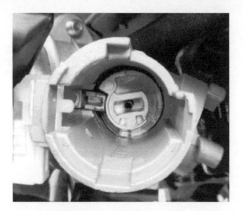

图 6-70　拆卸转向柱锁

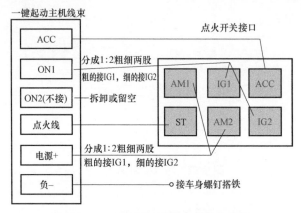

图 6-71　一键起动主机线束连接示意图

②　点火开关：

- AM1 和 AM2：＋电源（常电，注：AM1 熔丝 30A，AM2 熔丝 15A）
- ACC：钥匙拧到 ACC 后接通（点火时瞬间断电）
- IG1 和 IG2：钥匙拧到 ON 后接通（点火时不断电）
- ST：点火输出

③　信号检测和控制说明：打星号的必须要接，其余为可选。

④　行车制动信号。踩制动踏板带正电，不踩制动踏板不带电；功能：只有踩住制动踏板才能起动、熄火。

⑤　开锁信号。门锁电动机（开锁瞬间带＋电那根线束）。它的功能：解锁后一段时间内激活一键起动模块主机（因为部分一键起动模块支持熄火后，一段时间内自动锁定主机，需要遥控解锁或者暗锁解除锁定）。

⑥　闭锁控制。中控锁车按钮的控制线（－触发）功能：用于遥控钥匙远程起动后自动全车锁。

⑦　燃油泵信号。燃油泵正电功能：遥控起动时检测燃油泵信号，判断是否起动成功。若不接，遥控起动成功后可能会重复点火。

⑧　驻车制动信号。驻车制动（－）功能：为确保安全。MT 手动档车型需检测到驻车

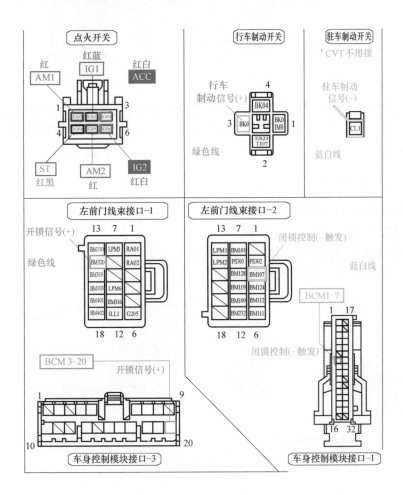

制动信号才允许起动，所以手动档必须要接这根线。对于CVT自动档车型，由于变速器自带保护措施，只允许N位和P位才可以起动，其他档位是不可以起动的，所以无需检测驻车制动信号，一键起动模块中的这根检测线可以直接搭铁。

一键起动接线示意总图如图6-72所示。

图 6-72　接线示意总图

五　原厂定速巡航的改装

1. 定速巡航的作用

在驾驶人要求的速度下打开巡航开关之后，不用踩加速踏板就可以自动地保持车速，使车辆以固定的速度行驶。采用了这种装置后，当在高速公路上长时间行车时，驾驶人就不用再去控制加速踏板，减轻了疲劳，同时减少了不必要的车速变化，可以节省燃料，如图6-73所示。

图 6-73　定速巡航

　　定速巡航系统的工作原理，就是由巡航控制组件读取车速传感器发来的脉冲信号，与设定的速度进行比较，发出指令由伺服机构调整节气门开度的大小，以使车辆始终保持在驾驶人所设定的速度。

2. 改装原厂定速巡航

　　下面以 2016 年宝马 3 系为例讲解。

　　1）拆装主驾驶侧气囊。

　　2）拆卸多功能方向盘按键，如图 6-74a 所示。

　　3）安装带巡航开关的多功能按键，如图 6-74b 所示。

a) 不带巡航功能的开关　　　　　　　　b) 带巡航功能的多功能按键

图 6-74　多功能方向盘开关

　　4）激活定速巡航功能。安装好巡航开关后，需要工程师把巡航控制的代码写入车辆。

　❶　打开工程师软件 E-Sys，如图 6-75 所示。

图 6-75　工程师软件 E-Sys

　❷　打开软件后选择到设码界面，如图 6-76 所示。

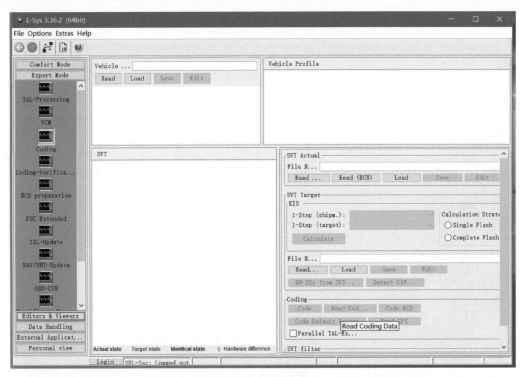

图 6-76 设码界面

3 连接车辆，如图 6-77 所示。

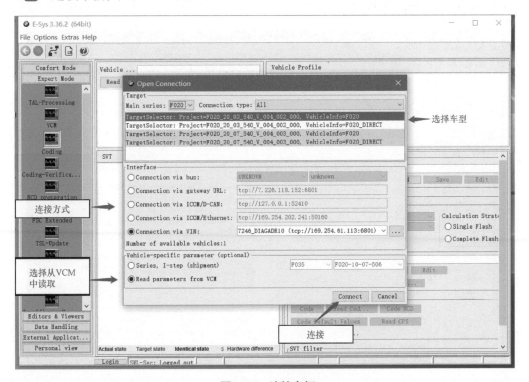

图 6-77 连接车辆

4 读取 FA，如图 6-78 所示。

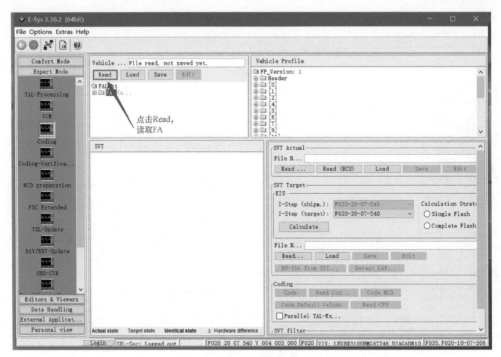

图 6-78 读取 FA

5 保存 FA，如图 6-79 所示。

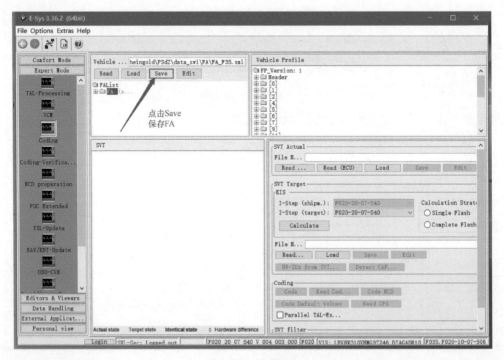

图 6-79 保存 FA

6 编辑 FA，如图 6-80 ～图 6-87 所示。

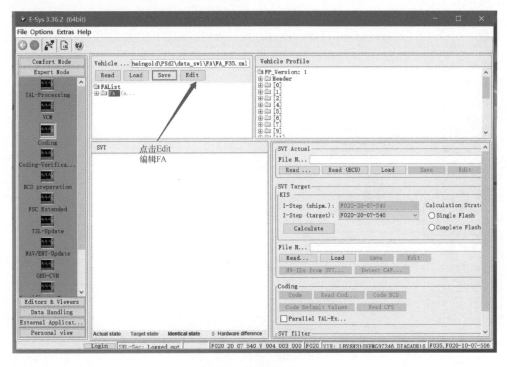

图 6-80 编辑 FA（一）

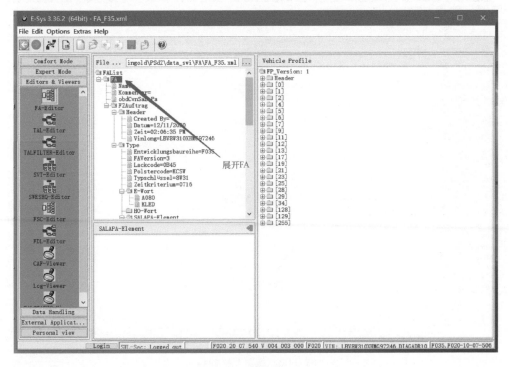

图 6-81 编辑 FA（二）

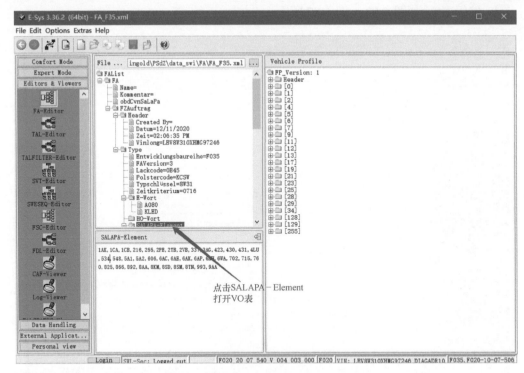

图 6-82 编辑 FA（三）

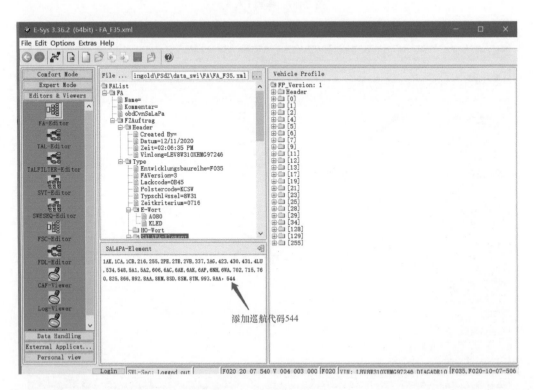

图 6-83 编辑 FA（四）

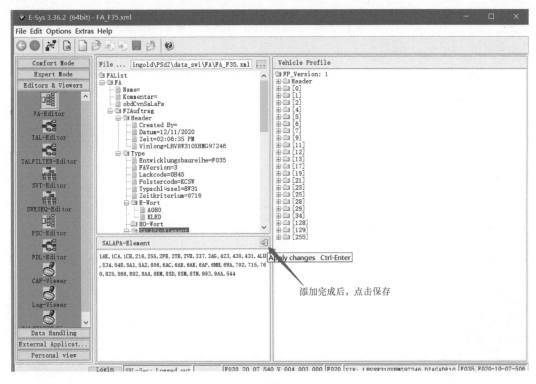

图 6-84　编辑 FA（五）

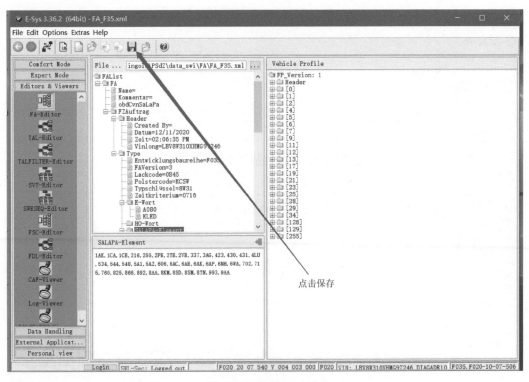

图 6-85　编辑 FA（六）

汽车 改装技术 一本通

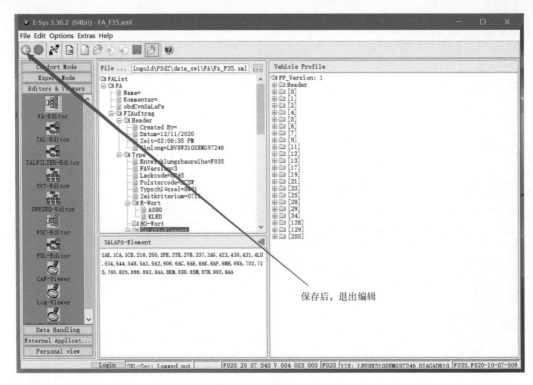

图 6-86 编辑 FA（七）

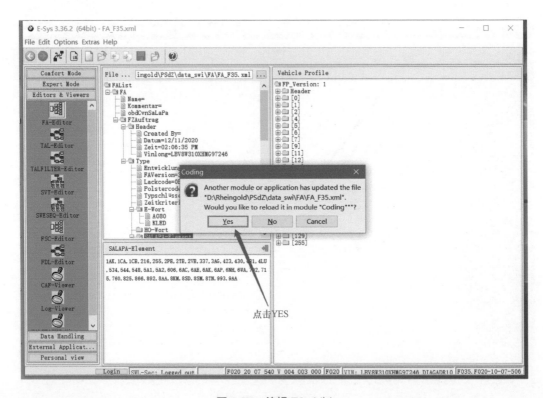

图 6-87 编辑 FA（八）

7 读取 ECU，如图 6-88 所示。

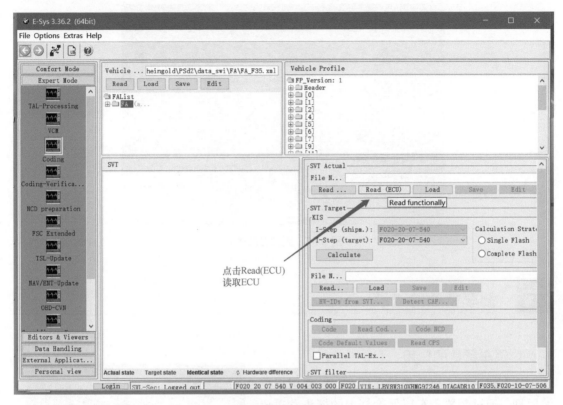

图 6-88 读取 ECU

8 设码相应的模块。对这三个模块进行设码，设码成功后要删除故障码，如图 6-89 所示。

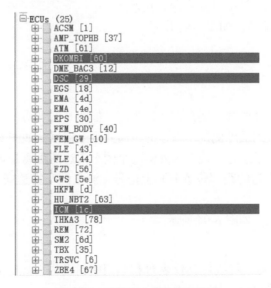

图 6-89 对这三个模块进行设码

⑨ 测试巡航功能，如图 6-90 所示。

图 6-90　测试巡航功能

六　倒车雷达的改装

1. 倒车雷达的作用

倒车雷达的主要作用是在倒车时，利用超声波原理，通过装置于车尾保险杠上的探头发送超声波撞击障碍物后反射回超声波探头，从而计算出车体与障碍物之间的实际距离，再提示给驾驶人，使停车和倒车更容易、更安全。倒车雷达的提示方式可分为液晶、语言和声音三种；接收方式有无线传输和有线传输等，如图 6-91 所示。

2. 倒车雷达改装

图 6-91　倒车雷达

（1）测量间距

1）使用卷尺测量最外侧两个倒车雷达的距离，如图 6-92 所示。

2）测量右边翼子板到最外侧倒车雷达的距离并画上记号，如图 6-93 所示。

3）以同样的方法测量左边，检查最外侧两个倒车雷达的距离是否合适。

4）测量安装倒车雷达的距离位置并画上记号，测量倒车雷达安装孔与地面的距离并画上记号。

5）使电钻进行打孔，如图 6-94 所示。

（2）布置线束

安装倒车雷达显示器，将线埋到仪表台和车门密封条内，经过驾驶室的线埋到内饰板内，再将线埋在后座内饰板内。

图 6-92 测量最外侧两个倒车雷达的距离

图 6-93 测量右边翼子板到最外侧倒车雷达的距离

图 6-94 使电钻进行打孔

（3）安装倒车雷达

1）根据线束上的记号 ABCD 从左到右安装倒车雷达，如图 6-95 所示。

图 6-95 安装倒车雷达

2）用手将倒车雷达按入后保险杠内，如图 6-96 所示。

（4）测量线束与安装倒车雷达控制盒

1）踩下制动踏板，挂入倒档，倒车灯应点亮。

2）用电笔找出倒车灯的电源线。

3）将倒车雷达控制盒的电源线和搭铁线连接到行李舱线束中倒车灯的电源线和搭铁线，如图 6-97 所示。

图 6-96　用手将倒车雷达按入后保险杠内

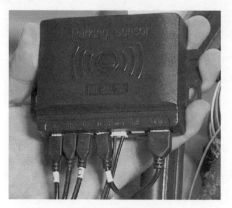

图 6-97　连接线束

4）挂进倒档检查倒车雷达显示器是否有反应，检查左右两侧倒车雷达的灵敏度。

七　液晶仪表的改装

1. 为什么要改装液晶仪表

液晶仪表盘显示的信息很全面，相比普通的仪表盘，全液晶仪表显示的各方面信息非常全面和到位，如图 6-98 所示。

它在性能上更加智能化，液晶仪表具有互联或是车联网的功能，这样的智能化仪表比起普通的仪表来说，操作起来也更加方便。

它也更具科技感。相对于普通仪表盘，全液晶仪表盘从外观上给人一种高科技的感觉。

图 6-98　宝马液晶仪表

2. 改装液晶仪表

下面以宝马 5 系（F18）为例讲解。

（1）准备工作

1）准备专用拆卸工具"64 1 030"。

2）断开蓄电池负极导线。

3）将转向柱移到最后面。

（2）拆卸原车仪表

1）将专用工具"64 1 030"分别插入组合仪表，如图6-99中2所示的第二个槽中。

2）将专用工具"64 1 030"插入夹子，如图6-99的1所示，并向下拉。

3）沿箭头方向抽出组合仪表，如图6-99中2所示。

4）脱开插头连接，如图6-100中1所示，并拆卸组合仪表，如图6-100中2所示。

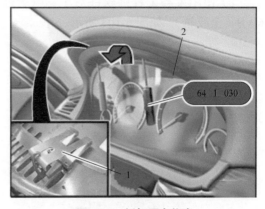

图6-99　拆卸原车仪表

（3）安装液晶仪表

1）组合仪表的固定板如图6-101中2所示，必须准确地安装在仪表板的定位件上，如图6-101中1所示。

2）安装完成后，如图6-102所示。

图6-100　拆卸原车仪表插头连接

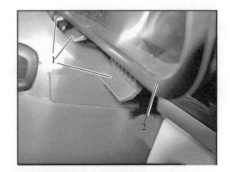

图6-101　组合仪表固定板

图6-102　安装后的宝马F18液晶仪表

（4）对车辆仪表进行编程

①蓄电池电压在编程期间不得低于13.0V。
②在编程前应对蓄电池充电。

1) 使用宝马工程师软件对车辆电脑进行编程，删除代码 6WA（半液晶），加入代码 6WB（全液晶），如图 6-103 所示。

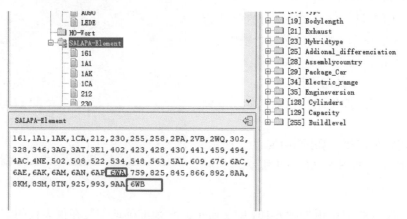

图 6-103　修改代码

2) 使用电脑诊断仪 ISTA 对仪表进行设码，如图 6-104 所示。

 注意

　　主机有光纤到仪表的可以不设码主机，没有光纤的，必须做好光纤到仪表的设码。改装半液晶仪表也用这些方法。设码完成后，锁车 15min 减少红点出现的概率。

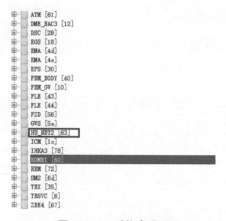

图 6-104　对仪表设码

八　LED 前雾灯的改装

1. 如何选择 LED 前雾灯

LED 车灯功率小，光通量更高，寿命更长，色温也更丰富。

保证型号适配是挑选 LED 车灯的基础，需要先明确车辆前雾灯的型号。一般比较大的品牌型号覆盖率都很广，例如以欧司朗品牌来讲，它旗下的前雾灯能适配市面上 95% 的车型。

2. 改装 LED 前雾灯

下面以宝马 3 系（F30）左侧雾灯拆装为例讲解。

（1）拆卸原车前雾灯

1）向后翻折轮罩盖，如图 6-105 中 1 所示。

2）松脱插头连接，如图 6-105 中 2 所示。

3）松脱插头连接，如图 6-106 中 1 所示。

4）松开螺母（如图 6-106 中 2），取下喇叭，如图 6-106 中 3 所示。

图 6-105 拆卸原车前雾灯插头连接

图 6-106 拆卸喇叭

5）松开螺栓，如图 6-107 中 1 所示。

6）沿箭头方向从保险杠饰件上（如图 6-107 中 3）拆下前雾灯，如图 6-107 中 2 所示。

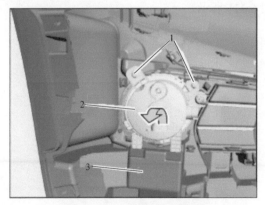

图 6-107 拆卸原车前雾灯

（2）安装 LED 前雾灯

按拆卸相反的顺序进行安装，如图 6-108 所示。

（3）开通车辆 LED 前雾灯

1）打开工程师软件 E-Sys，如图 6-109 所示。

图 6-108　LED 前雾灯

图 6-109　工程师软件 E-Sys

2）打开刷隐藏软件主界面，如图 6-110 所示。

图 6-110　打开刷隐藏软件主界面

3）连接车辆，如图 6-111 所示。

图 6-111　连接车辆

4）选择车型并连接，如图 6-112 所示。

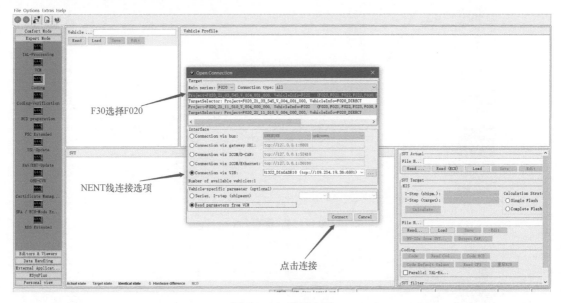

图 6-112 选择车型

5）连接成功后，读取 FA，如图 6-113 所示。

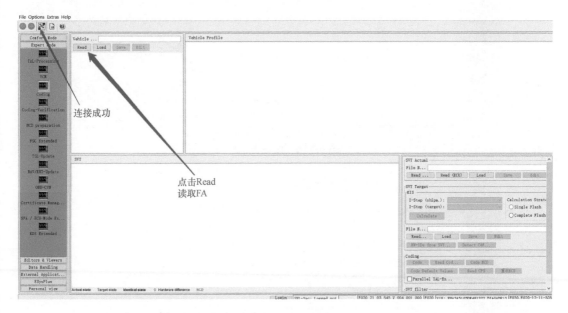

图 6-113 读取 FA

6）保存 FA，如图 6-114 所示。

7）读取 ECU，如图 6-115 所示。

8）保存 SVT，如图 6-116 所示。

9）找到 FEN 里面的编码，如图 6-117 所示。

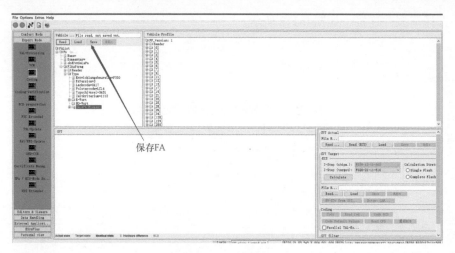

图 6-114　保存 FA

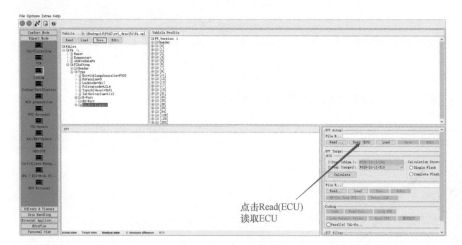

图 6-115　读取 ECU

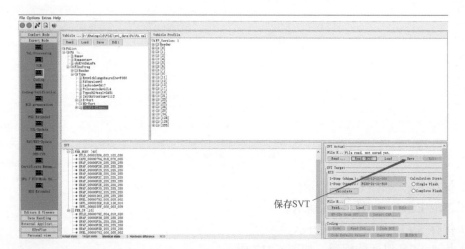

图 6-116　保存 SVT

图 6-117 找到 FEN 里面的编码

10）读取 CAFD_00000794_018_070_005 设码数据，如图 6-118 所示。

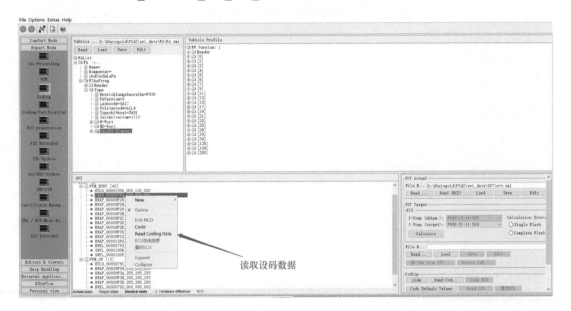

图 6-118 读取设码数据

11）点击 NCD，进去修改编码，如图 6-119 所示。

12）进入编码修改界面，如图 6-120 所示。

13）搜索 NSW_L_KALTUEBERWACHUNG 代码，如图 6-121 所示。

14）记住左侧雾灯修改前的状态，如图 6-122 所示。

15）修改后左侧雾灯的状态，如图 6-123 所示。

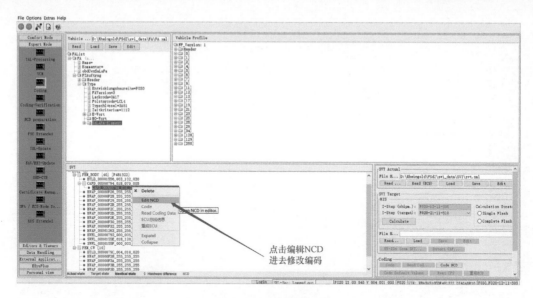

图 6-119　修改编码

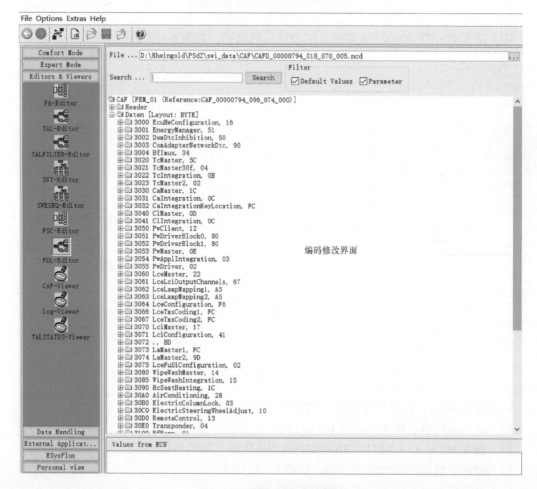

图 6-120　进入编码修改界面

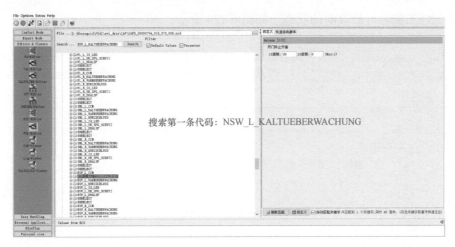

图 6-121　搜索代码

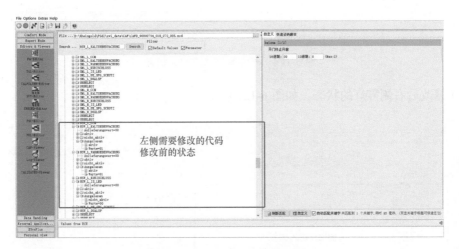

图 6-122　左侧雾灯修改前的状态

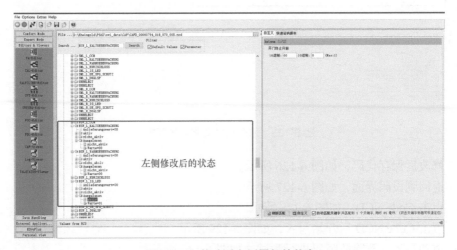

图 6-123　修改后左侧雾灯的状态

16）记住右侧雾灯修改前的状态，如图 6-124 所示。

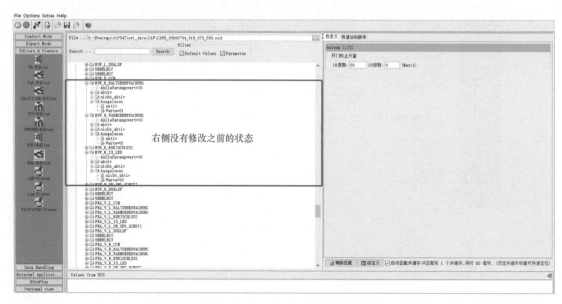

图 6-124　右侧雾灯修改前的状态

17）修改后右侧雾灯的状态，如图 6-125 所示。

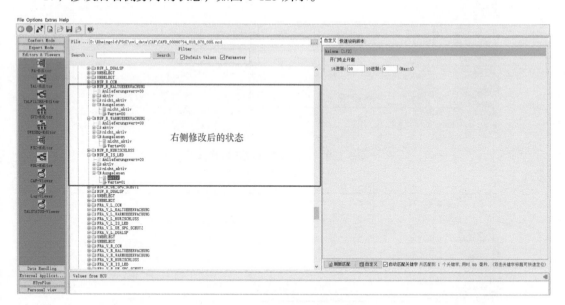

图 6-125　修改后右侧雾灯的状态

18）修改后保存代码，如图 6-126 所示。

19）返回到设码界面，如图 6-127 所示。

20）点击 Code NCD，如图 6-128 所示。

21）点击 Code NCD 后开始写入，如图 6-129 所示。

22）成功写入，删除故障码进行测试，如图 6-130 所示。

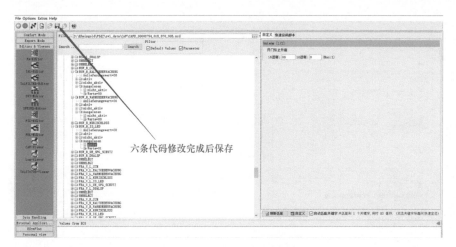

图 6-126 修改后保存代码

图 6-127 返回到设码界面

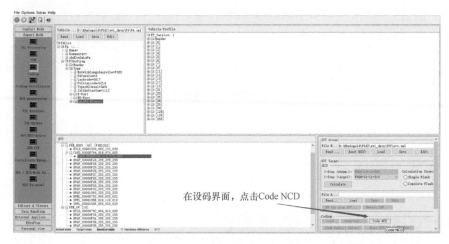

图 6-128 点击 Code NCD

图 6-129　开始写入

图 6-130　删除故障码进行测试

九　前照灯的改装

1. 如何选择前照灯（远光灯 / 近光灯）

将卤素灯泡换成氙气灯泡：市场上已经推出了适配替换 H7、H4、H3、H1、HB3、HB4

等卤素灯泡的氙气灯泡，几乎所有车型都可以使用。

更换前照灯总成：这种改装方式主要采用原配套氙气前照灯，即氙气光源配合专门为其设计的配光镜和反射镜，因而成为一种最理想的改装方法。

在车头或车顶加装氙气辅助灯：这种改装相对比较灵活，用户可以根据车辆的前围造型和自己的喜好挑选适合的产品，选择合理的安装位置进行安装，满足个性化的需求。氙气辅助灯以远光灯为主，小型灯外径为 80 ~ 90mm，大型灯为 200mm，分别可适合货车、越野车、轿车等不同车型。

改装 HID：HID 气体放电灯通常又叫氙气灯。它的优点是表面亮度高、色温高、寿命长、能耗低，缺点是价格太高，安装不易，强行改装氙气灯会导致原车的配光不符合国家规定。

2. 改装前照灯（远光灯 / 近光灯）

以奔驰 A180 车型卤素前照灯改装氙气前照灯为例。

（1）更换氙气前照灯

将原车的卤素前照灯总成拆下，安装氙气前照灯总成，如图 6-131 所示。

图 6-131　氙气前照灯

> **注意**
>
> ① 高配氙气前照灯上有独立的 LED 促动模块，可控制日行灯及转向灯。
> ② 采用三脚 AL 安定器，海拉双光透镜。
> ③ 安装无须跳线，无须单独添加模块或传感器，前照灯插头直接对插，编程即可。

（2）对氙气前照灯模块进行编程

1）打开奔驰 Vediamo 工程师软件，确认出现设备号，如图 6-132 所示。

2）点击进入主程序，如图 6-133 所示。

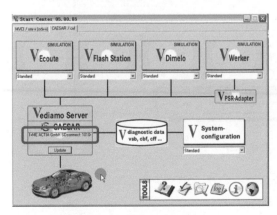

图 6-132　确认出现设备号

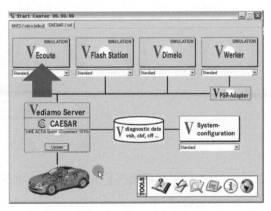

图 6-133　进入主程序

3）选择模块，如图 6-134 所示。

4）将图示的一项勾选，如图 6-135 所示。

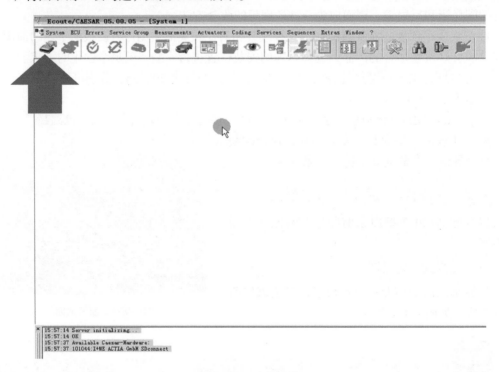

图 6-134　选择模块

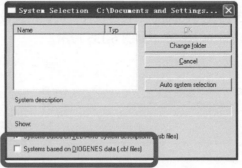

图 6-135　选择一项

5）勾选后出现模块列表，如图 6-136 所示。

6）单击选择 CBC，点击 OK，如图 6-137 所示。

7）右键单击图 6-138 标注选项，选择更改协议为：CAHNS 1 on I+ME ACTIA GmbH Sdconnect，Interface：HSCAN_UDS_500。

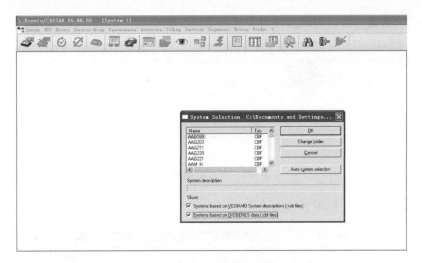

图 6-136　出现模块列表

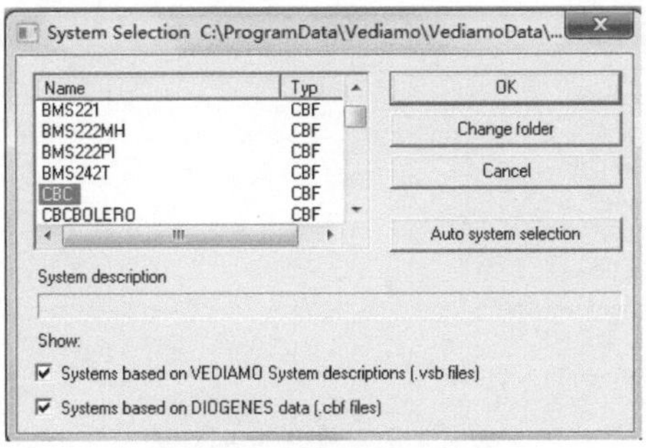

图 6-137　选择 CBC

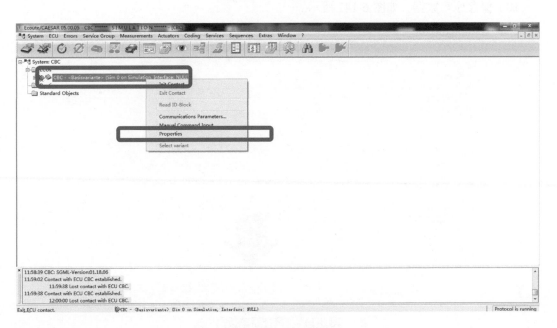

图 6-138　更改协议

8）确认下方通信协议更改成功后，连接当前控制单元，如图 6-139 所示。

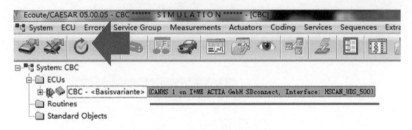

图 6-139　连接当前控制单元

9）选择设码功能，如图 6-140 所示。

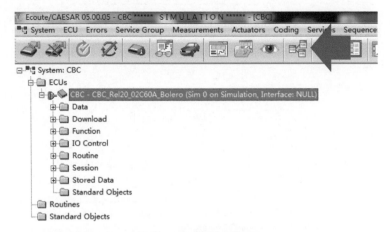

图 6-140　选择设码功能

10）保存原车数据，如图 6-141 所示。

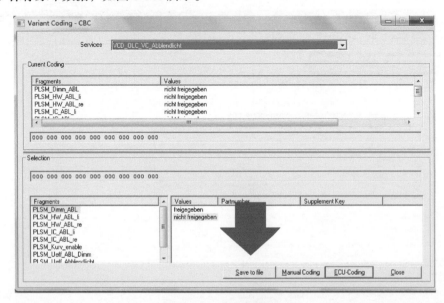

图 6-141　保存原车数据

11）选择路径，然后保存，如图 6-142 所示。

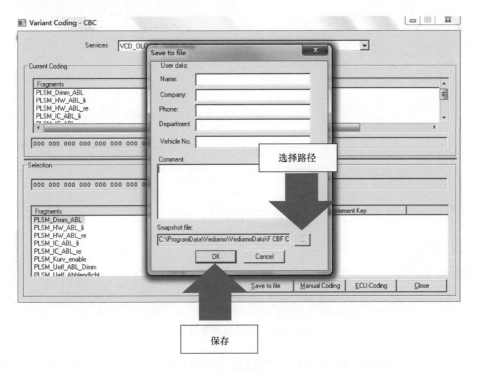

图 6-142 选择路径，然后保存

12）用箭头展开下拉菜单，如图 6-143 所示。

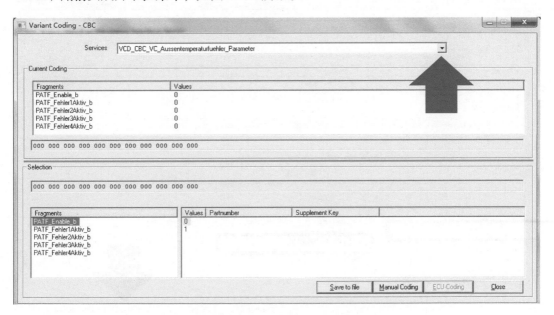

图 6-143 用箭头展开下拉菜单

13）选择 VCD_OLC_VC_Abblendlicht，调节车灯选项，如图 6-144 所示。

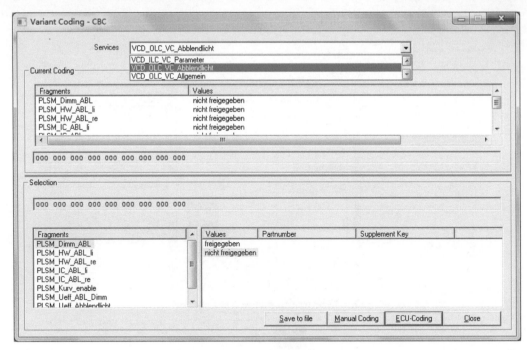

图 6-144　选择调节车灯选项

14）左侧选择 PLSM_Dimm_ABL，然后点击右侧红框内的选项进行修改编码，再点击右下方的 ECU-Coding 保存，如图 6-145 所示。

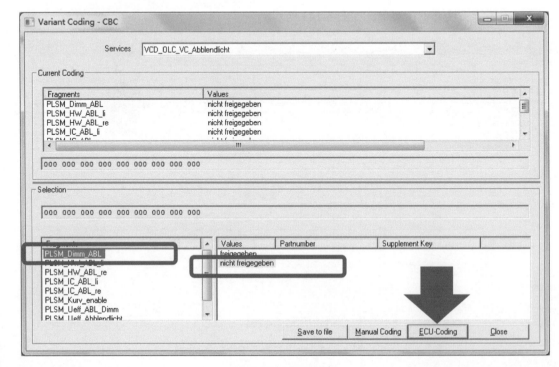

图 6-145　修改编码

15）再选择左侧其他编码进行更改，每更改一项做一次保存，如图 6-146 所示。

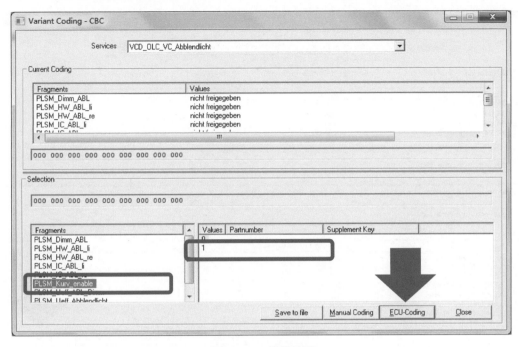

图 6-146　修改编码

16）继续更改其他设码项目，如图 6-147 所示。

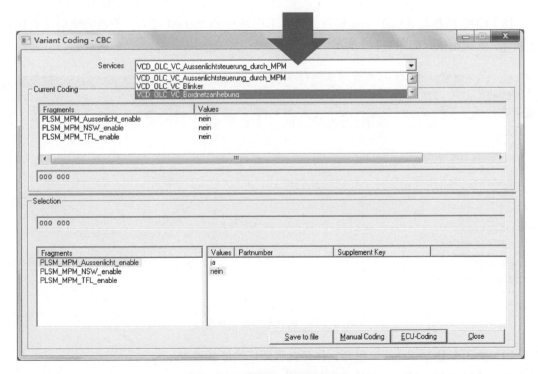

图 6-147　继续更改其他设码项目

17）当前模块所有编码更改完成并保存更改后，点击关闭，如图 6-148 所示。

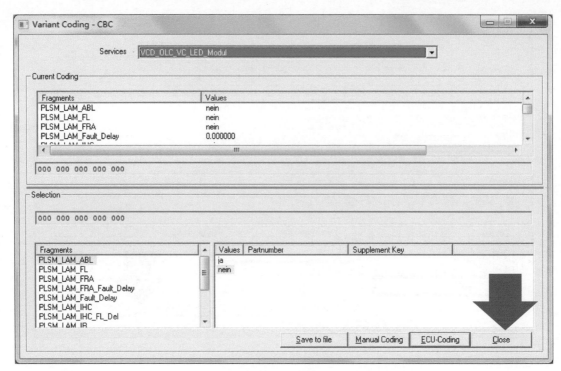

图 6-148 点击关闭

18）CBC 虽然与 SAMF 功能相近，但并不用进行 EEPROM 写入，更改完成后可直接断开与当前模块连接，如图 6-149 所示。

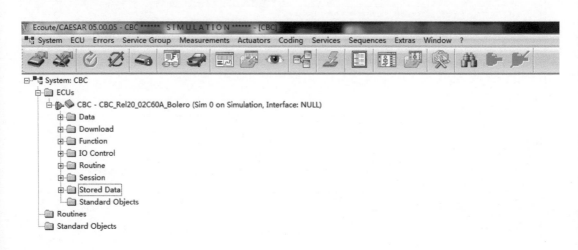

图 6-149 断开与当前模块连接

19）关闭奔驰 Vediamo 工程师，打开奔驰原厂诊断软件 Xentry。

20）选择 A 级（176），清除全车故障码，编程结束。

电动尾门的改装

1. 如何选择电动尾门

（1）安全性

首先，要保证车门的正常开合，正常闭锁、解锁。其次，在开关门的同时要预防人被夹伤、碰伤。电动尾门具备智能防夹功能，在尾门运行中，如果遇到障碍，会立刻反向运转，避免夹伤。电动尾门运行平稳匀速，车门匀速平稳开合，开、关单程运行时间控制在4～6s，达到车厂要求，可以有效避免碰伤。

（2）使用寿命

电动尾门的核心部件必须具备汽车要求的使用寿命。

（3）适应各种气候和环境

需要在各种气候和环境下都能正常使用，这就对电动尾门各零部件的高温、低温、潮湿、防水、防锈等特性要求非常高。

（4）各种姿势都能正常开启

汽车电动尾门在使用过程中，不可能一直是四平八稳的情况，上坡、下坡、车身倾斜的情况时有发生，这就要求电动尾门要适用各种路况的使用要求，保证各种姿势下汽车尾门都能正常开合，如图 6-150 所示。

2. SUV 改装电动尾门

下面以本田 CRV 为例讲解。

1）将尾门左侧饰板、右侧饰板、上下饰板拆卸。

2）将方向盘下方装饰板拆除，如图 6-151 所示。

图 6-150　电动尾门

图 6-151　拆卸方向盘下方装饰板

3）安装中控按键，如图 6-152 所示。

4）安装搭铁线，如图 6-153 所示。

图 6-152　安装中控按键

图 6-153　安装搭铁线

5）将电源线穿过内饰板走到尾箱，注意不要压到电源线。

6）更换专用撑杆，如图 6-154 所示。需安装配套的球头支架。

图 6-154　更换专用撑杆

7）拆卸原车尾箱拉手盖，安装带尾门按键的支架，如图 6-155 所示。

图 6-155　安装带尾门按键的支架

8）安装电动尾门控制盒。

9）拆卸原车尾门锁扣，安装电动尾门配套的锁扣，如图 6-156 所示。

10）在熔丝盒上取下一个带常电（20A）的熔丝，并插上电动尾门的取电器，如图 6-157 所示。

图 6-156 安装电动尾门配套的锁扣

图 6-157 安装电动尾门取电器

11）安装完成进行测试，测试没问题再装上原车的饰板。

十一 电动踏板的改装

1. 如何选择汽车电动踏板

电动踏板可以结合 SUV 车身离地间隙及车门空间，设计出类似阶梯式的踏板结构，将踏板放下时，踏板离地间隙调整在 130 ～ 180mm 之间，可使乘客上下车轻松、便捷。

电动踏板安装后，支架隐藏在车身底盘的凹槽处，在行驶过程中，不增加底盘的高度，降低了发生撞击的风险。

电动踏板在车辆行驶过程中，踏板会自动收起（注：电动踏板门关时踏板自动收起，门开时则踏板自动放下。如遇门没有关好等因素，踏板处于放下状态，但在行驶过程中，当车速达到 5km/h 时，踏板会自动收起，不会造成因踏板处于放下状态造成的风险）。踏板面板与侧裙紧密贴合，不会加宽加身，如遇行车较窄路况，不过影响整车通过性。同时也不影响车型外观设计，满足对外观要求较高的车主的要求。

电动踏板是利用挂钩螺钉根据原车孔位安装支架的，不破线、不打孔，做到了真正的无损安装，拆卸之后也不会留存任何痕迹。

2. 汽车电动踏板改装

1）拆下裙边。

2）拆除底盘塑料护板螺钉及卡扣。

3）拆下隐藏在侧裙下的底盘护板螺钉，并卸下底盘护板。

4）找对位置将支架装到底盘上。

5）将电动机底座先装上，再套上电动机。

6）从原车蓄电池接电并将所有线路连接好。

7）将底盘护板切割出给电动机和支架留空的位置，并装上底盘护板。

8）对准位置在侧裙里面将线路的感应器粘上，并在车门位置将磁铁粘住。

9）将面板装上，并将线路隐藏在车底盘内，如图 6-158 所示。

图 6-158　安装电动踏板

十二　后视镜的改装

1. 后视镜的种类

1）内后视镜：内后视镜是为不用太大变换驾驶人驾驶中向前的视线即可确认后方情景而装设的镜子。

2）外后视镜：乘用车一般将外后视镜装在车门上。日本市场用车也有装在翼子板上的。

3）下视镜：下视镜可以使驾驶人在驾驶座上正前方的镜子内看到汽车车身下的前后轮以外的地方，可以使驾驶人在倒车和起动前进时，看到它前后轮及车身旁是否有人或障碍物，以免伤人、物和损坏车辆，给驾驶人以方便和安全。

2. 折叠后视镜的优点

1）车辆停在道路旁边，降低了汽车后视镜被撞坏的概率。

2）车辆停在比较窄的路边，也不会因道路狭窄影响其他车辆通行。

3）驾驶汽车在窄路会车的时候，汽车的后视镜能电动折叠起来。这样在窄路会车的时候，驾驶人就可以在车里把汽车的后视镜折叠起来，避免会车时汽车后视镜发生剐蹭，如图 6-159 所示。

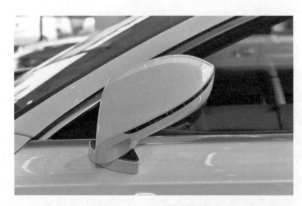

图 6-159　折叠后视镜

3. 改装电动折叠后视镜

下面以宝马 3 系（F30）为例讲解。

（1）拆卸驾驶人侧车窗升降机开关

1）用一把合适的工具（图 6-160 中 1），将开关板（图 6-160 中 3）的嵌入件（图 6-160 中 2）朝箭头方向松开。

2）将开关板（图 6-160 中 3）向前上方从车门饰件上松开。

3）脱开插头连接，取下开关饰板（图 6-160 中 3）。

4）在两侧松开嵌入件（图 6-161 中 1）。

5）将车窗升降机开关（图 6-161 中 2）从开关板（图 6-161 中 3）上取下。

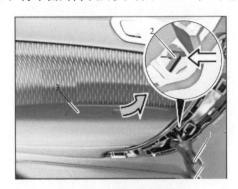

图 6-160　拆卸开关饰板

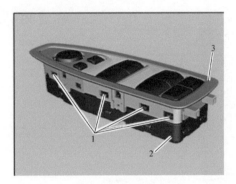

图 6-161　取下开关

（2）更换带后视镜折叠功能的左侧车窗升降机开关

1）检查开关单元（图 6-162 中 4）的卡子（图 6-162 中 1）、固定夹（图 6-162 中 2）和导向件（图 6-162 中 3）是否受损。

2）连接插头。

3）定位并且嵌入开关板。

（3）更换车外后视镜

1）以左侧为例，右侧方法一样。

2）拆下内部车窗导轨封条

3）松开并部分抽出夹子（图 6-163 中 2）上的车门窗框盖板（图 6-163 中 1）。

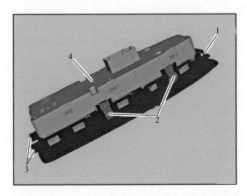

图 6-162　安装左侧车窗升降机开关

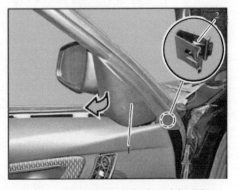

图 6-163　拆卸车门窗框盖板

4）松脱插头连接（图6-164中1）。

5）脱开螺栓（图6-164中2），取下后视镜。

6）安装车外后视镜。

（4）开通电动后视镜折叠功能

1）连接车辆，如图6-165所示。

2）选择车型，如图6-166所示。

3）读取FA，如图6-167所示。

图6-164 取下后视镜

图6-165 连接车辆

图6-166 选择车型

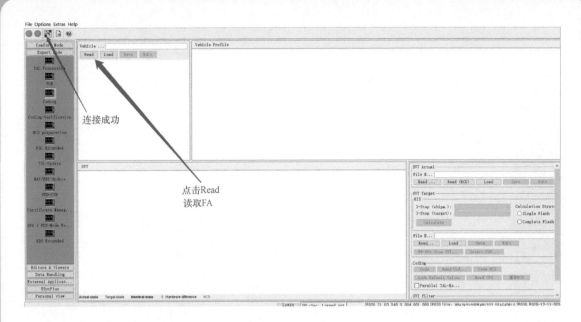

图 6-167 读取 FA

4）保存 FA，如图 6-168 所示。

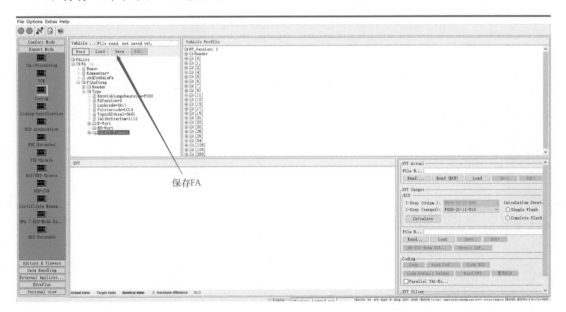

图 6-168 保存 FA

5）读取 ECU，如图 6-169 所示。

6）读取设码数据，如图 6-170 所示。

7）点击"Edit NCD"，如图 6-171 所示。

8）搜索需要开通的代码，如图 6-172 所示。

9）搜索第一条代码，如图 6-173 所示。

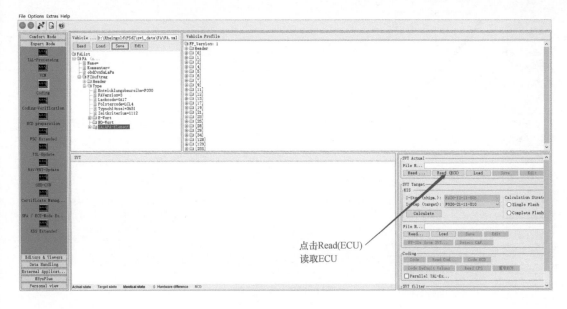

图 6-169　读取 ECU

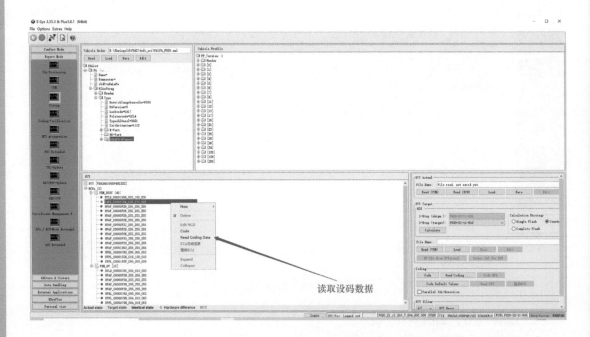

图 6-170　读取设码数据

读取完成后，点击"Edit NCD"

图 6-171　点击"Edit NCD"

搜索需要开通的代码

图 6-172　搜索需要开通的代码

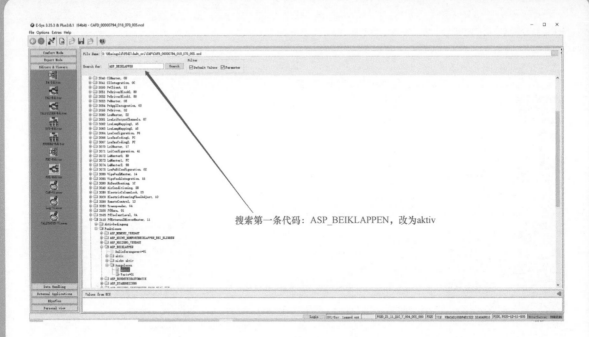

搜索第一条代码: ASP_BEIKLAPPEN, 改为aktiv

图 6-173　搜索第一条代码

10) 搜索第二条代码, 如图 6-174 所示。

搜索第二条代码: ASP_AUSKLAPPEN_NACH_KOMFORTSCHLIESSEN, 改为aktiv

图 6-174　搜索第二条代码

11) 搜索第三条代码, 如图 6-175 所示。

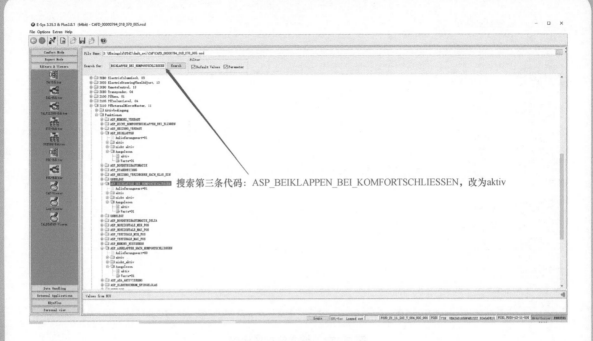

图 6-175　搜索第三条代码

12）搜索第四条代码，如图 6-176 所示。

图 6-176　搜索第四条代码

13）搜索第五条代码，如图 6-177 所示。

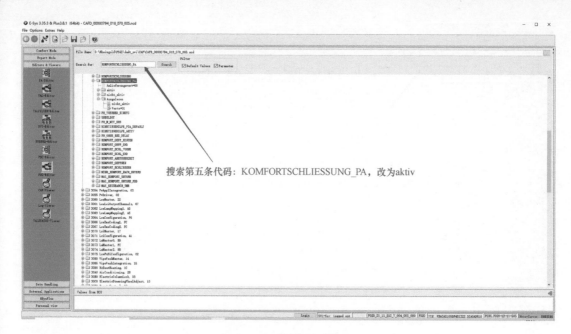

搜索第五条代码：KOMFORTSCHLIESSUNG_PA，改为aktiv

图 6-177 搜索第五条代码

14）五条代码修改后保存，如图 6-178 所示。

五条代码修改完成后，点击保存

图 6-178 五条代码修改后保存

15）返回设码界面，如图 6-179 所示。

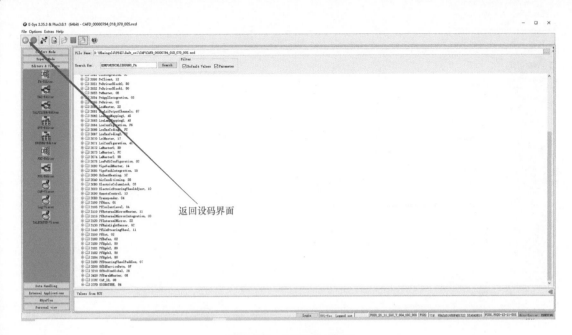

返回设码界面

图 6-179　返回设码界面

16）点击 Code NCD 写入，如图 6-180 所示。

点击Code NCD写入

图 6-180　点击 Code NCD 写入

17）开始写入，如图 6-181 所示。

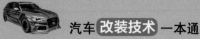

图 6-181　开始写入

18）成功写入，删除车辆的故障码，如图 6-182 所示。

图 6-182　成功写入，删除车辆的故障码

19）安装完成，对车辆电动后视镜折叠操作进行测试。

第七章
驾乘舒适性改装

一　座椅改装

1. 汽车座椅改装的要求

1）座椅的头枕与乘坐者后脑之间要保持大约 25mm 的距离。

2）座椅背靠与座椅面的夹角调整到 110° 时，腰部的支持要感觉到比较舒适，不能有让背部受到压迫的感觉。

3）座椅前面下部分与膝盖内侧要保持约三个手指头的宽度，这样才能让腿可以比较轻松灵活地去踩放踏板。

4）在驾驶人背部不离开座椅时，手可以伸到方向盘上，并能够灵活控制方向盘。

2. 改装汽车电动座椅

（1）汽车手动调节座椅的缺点

1）调节不方便。

2）调节速度慢。

3）很难调到适合自己的位置。

4）可调节角度少。

5）对于不熟悉车型的人来说，不会调节，可能影响驾驶安全性。

（2）电动座椅的优点

1）调节方便，快捷。

2）可以多角度调节。

3）舒适性好，调到适合自己的位置，开车更舒适。

4）实用性好，可随时调节，长期开车和跑长途非常方便。

5）驾驶性能好，可以多角度调节，开车更安全。

3. 改装汽车电动座椅流程

1）断开蓄电池负极接线。

2）断开座椅上的线束连接，拆卸座椅固定螺栓，取下座椅。

3）拆卸原车座椅的座椅靠背调整手动拉杆。

4）拆卸座椅靠背板，如图 7-1 所示。

5）拆卸头枕固定插座里面的卡扣。

6）拆卸座椅皮套与海绵垫。

7）拆卸安全带插座。

8）拆卸原车座椅皮套和坐垫。

9）将座垫和座椅皮套等零件安装到电动座椅骨架上，将线束固定好，不能有干涉。

10）剪断平移电动机和靠背电动机的四根控制线，用配套的接线端子连接，再给电动机接上电源就可以了，如图 7-2 所示。

11）将电源线束连接到熔丝盒，注意电源线束的走向与安装。

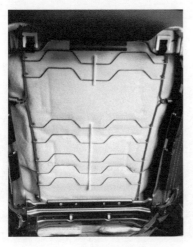

图 7-1 拆卸座椅靠背板

图 7-2 安装线束

12）将电动座椅安装到车上，复原车辆。

4. 改装通风座椅

1）断开蓄电池负极接线。

2）断开座椅上的线束连接，拆卸座椅固定螺栓，取下座椅。

3）拆卸座椅的皮套与海绵垫。

4）在座椅海绵上贴一层高效导风层。

5）在座垫和靠背上标记位置，开始挖通风孔位。

6）在通风孔上安装超高转速的静音风扇。

7）将座垫和靠背安装到座椅骨架上，并固定好线束。

8）安装经过打孔的座椅皮套。

9）将座椅安装到车上，连接线束。

10）到此通风座椅已经安装完成，如图 7-3 所示。

5. 改装赛车座椅

（1）赛车座椅的概述

图 7-3 通风座椅

赛车座椅和安全带改装属于车辆内饰改装，可以分为可调式赛车座椅和桶椅（不可调式）。改装升级赛车座椅和安全带，可以在高速行驶和激烈驾驶的情况下为驾驶人提供足够的身体支撑力和安全保障，提高驾驶质感。选择赛车座椅和安全带时，必须要挑选结构稳固的赛车座椅，还有赛道认证的五点式安全带！一张好的赛车座椅不但能够为车内增加更加强烈的运动氛围，还可以在驾驶车辆的同时给驾驶人足够的支持与保护。高速过弯的时候车辆和驾驶人倾侧非常严重，改装赛车座椅就可以最大限度地对倾侧的身体进行及时承托。改装比赛用认证安全带，可以在进入正规赛道驾驶的同时保护个人安全，如图 7-4 所示。

（2）改装赛车座椅

1）拆卸原车座椅和原车安全带，如图7-5所示。

图7-4　赛车座椅

图7-5　拆卸原车座椅和原车安全带

2）在赛车座椅上安装底座，如图7-6所示。

3）安装底座的固定螺栓，如图7-7所示。

图7-6　在赛车座椅上安装底座

图7-7　安装底座的固定螺栓

4）将赛车座椅安装到车上，并安装固定螺栓，如图7-8所示。

图7-8　将赛车座椅安装到车上

5）检查安装好的赛车座椅是否有松动和错位。

6）检查调节装置是否可以正常使用（正常前后调节）。

7）检查安全带卡扣是否完全固定在车用脚架上，保证使用安全带的时候不会出现松脱。

二 运动方向盘的改装

1. 运动方向盘如何选择

宝马 M3 运动方向盘采用顶级 NAPPA 材质真皮。这种方向盘不仅外形纤细、皮质细滑、握感粗实，更是完美操控与动感优雅的结合。

2. 改装运动方向盘

下面以宝马（3 系）F30 为例讲解。

（1）拆装原车方向盘

1）断开 12V 蓄电池负极。

2）拆卸安全气囊单元。

3）拆卸方向盘，在松开螺栓时，由第 2 个人固定住方向盘。

4）将车轮 / 方向盘置于直线行驶位置。

5）脱开插头连接。

6）松开螺栓。

7）取下方向盘。

（2）安装 M3 运动方向盘

1）检查中控开关转向柱上螺旋电缆的零位。

2）只有当可清晰见到黄色标记（图 7-9 中 1）时，零位才正确。

3）在将运动方向盘装到转向柱上之前，必须注意正确的电缆敷设。

4）根据标记（图 7-10 中 1）将运动方向盘与转向柱标记（图 7-10 中 2）对齐并插上。

5）紧固方向盘固定螺栓到 62N·m

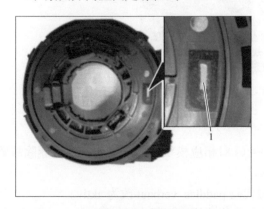

图 7-9 带机械防扭转装置的螺旋电缆

图 7-10 对齐 M3 运动方向盘

6）加装一条拨片控制线，如图 7-11 所示

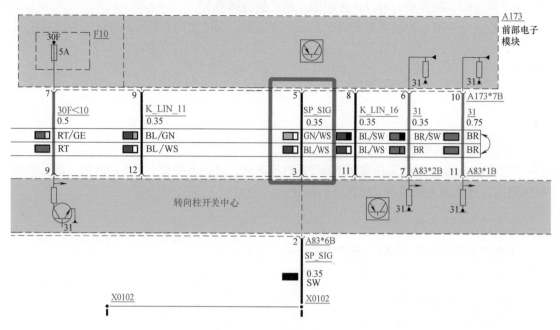

图 7-11　加装拨片控制线

7）继续复原车辆，如图 7-12 所示。

图 7-12　安装 M3 运动方向盘

（3）对模块进行设码

1）安装好方向盘后，用宝马工程师软件 E-sys 对相应模块设码，设码完成后删除故障码。把代码 205 改成 2TB 保存，如图 7-13 所示。

2）要实现拨片功能只用将 FEM（40）隐藏代码 paddles_verbaut 改为 aktiv。

3）对选中模块设码可以实现 SPORT+ 功能和拨片功能，如图 7-14 所示。

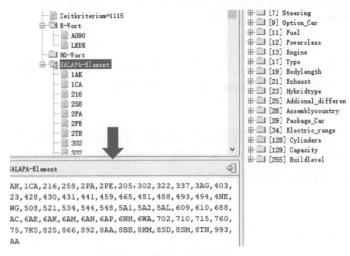

图 7-13 把代码 205 改成 2TB

4）原车没有巡航还要加 VO.544 对选中模块设码。

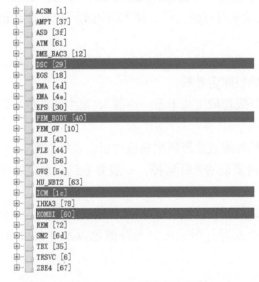

图 7-14 对选中的模块设码

5）检查方向盘是否安装到位。

6）起动车辆，检查故障灯是否会点亮。

三 星空顶的改装

1. 如何选择星空顶的配件

（1）光源选择

星空顶的光源全靠一个 LED 光源，目前市面上会有很多不同的 LED 光源的星空顶。所以一定要选择可靠的 LED 光源。

（2）光纤

光纤是把光传递上车顶的媒介。当然光纤也有好坏，不好的光纤会很快老化，从而会影响发光的效果，所以在选星空顶的时候，对光纤也要注意。

（3）控制器

从最开始的单一发光进化到的现在的可变调节，星空顶主要由控制器调节。它在白天可以自动调高亮度，以更好地呈现效果，晚上可以自动降低亮度，以防影响行车安全。更有些比较高级的产品可以用手机遥控进行颜色变换。

2. 改装星空顶

1）把车内顶篷拆下来。

2）画点钻孔。在顶篷用 0.5 ~ 1.5mm 的麻花钻头钻孔插光纤，并用热熔胶固定（可以先用笔画好要打的点，因为钻的孔很细，而且顶篷和光纤都是白色的，不画点的话就会漏掉一些地方，没插光纤）。要是想做一些造型，比如星星、月亮、星系等，就可以在顶篷后面贴好图案。然后，跟着图案轮廓打点插光纤，简单的图案可以直接在顶篷画图打孔，如图 7-15 所示。

3）插光纤图案做法：图案选好、打印出来、按图案打孔、穿上光纤并固定。

4）用热熔胶或者玻璃胶固定光纤。

5）理顺光纤。把光纤线理顺（几十条一小捆），集中的部位可以用黑色电胶布卷好，这样就不会散乱。

6）贴海绵或皮革：贴海绵或皮革隔绝铁板可延长光纤寿命。

7）剪平光纤：把车内多余的光纤剪掉，一般剪平到车顶，也可以根据自己的需求留一定的长度。

8）接电。可以接近光灯、行车灯、ACC、点烟器的电源。要求电源电压是 12V，LED 光源器可以隐藏在 C 柱里或者行李舱内。光纤颜色以及开关可以用遥控器来完成，操作方便。

9）安装顶篷，如图 7-16 所示。

图 7-15　在顶篷上钻孔

图 7-16　星空顶

四 车载音响改装

1. 如何选择汽车车载音响

（1）自己喜好的音乐类型

要考虑自己对音乐的爱好程度和欣赏水平。一般来说音响主流可分为两大类：一类是音质性的，如古典、交响、流行、轻音乐等；另一类则是劲爆性的，如迪斯科，摇滚等。应根据自己的爱好选择。

（2）汽车状况

要根据车辆的档次、安装的位置、尺寸和车内空间的大小来选购。

（3）经济承受能力

不同档次的音响差价较大。市场上音响品种较多。例如按价格分：从价格为3千～5千元的中档音响，到3万元左右的高档音响。超高级的音响还有10万元以上的。因此，改装音响前要考虑自己的经济能力。

（4）音响产地

高级音响以欧美生产为最佳，音色优异，但价格较高；中档则以日本产品为优，性价比好，但要其出特别好的音质，则强为所难。

（5）音响品牌

音响设备的主机、功放、扬声器及线材要选择正规的品牌，不要买"杂牌"产品，因为杂牌产品可能没有质量保证，不能只图便宜而买回一堆"垃圾"，改出的声音很难听。再去改造时，既浪费资金又耗费时间，影响心情。

（6）音响匹配

在选择音响器材时，要根据系统的整体情况，每个器材的投资比例要合理，按同一水平配置。一般功放功率应大于扬声器功率。

（7）音质效果

专业汽车音响的生产厂家较多，各有所长，各具特色。选购前，最好到专业汽车音响店的试听室进行试听，从而选择出适合自己欣赏口味的音响组合。在试听时，最好带一张或几张高、中、低音的试音曲，以便细听、细品，充分了解所选音响的音质。

（8）器材选择

通过试听的方法来判断器材音质和音色，需要注意音响的重放声质量。

大口径重低音扬声器，适合喜欢听大场景音乐的人使用。

功放需要跟扬声器匹配，原车的功放功率比较小，一般不会超过30W，如果不换功放，只能选择功率小，灵敏度相对高的扬声器，也就是需要选择振动频率高的扬声器。

考虑到车内空间比较狭窄，所谓扬声器频率太低没有实际意义，因为人耳一般听不到。一般车内能听到的最低频率都要在170Hz以上。

车内一般选择10cm左右的扬声器就足够了，能输出150Hz以上的音频。

汽车电压比较低，只有12V，所以输出的功率不会太大，36W是极限了，很多产品都是虚标参数骗人的，OTL电路就是9W而已。一般我们在车内也不需要这么高功率，0.5W就足够了，2W估计会让人发疯了。

关键是扬声器的音质，一般10～13cm就可以满足要求了。

在汽车的环境里边，功率不是问题，最好和最差的失真范围是0.1%～1%，一般人都判断不出来的。如果失真在1%内，价格就会超过10万元了。普通人能用上失真5%的已经是非常棒了，大多数人都使用失真10%的。

至于功放，失真实际上要求也不高，一般好的扬声器可以弥补。

2. 汽车车载音响改装

（1）常见的音响改装分类

1）原厂升级，把原车低配的音响通过后续改装升级为原厂顶配的音响系统。

2）第三方品牌音响升级，根据每台车现有的扬声器孔洞，设计一套音响升级方案，此方法需要大量的破坏性拆装、箱体重做、破线。

（2）音响扬声器的类型

1）高音扬声器。

作用：音频高，能使一个音乐的伴奏歌词播放得很清晰，将从分频器输出的高频信号（频率范围一般在5～10kHz）重放。

安装位置：高音扬声器应尽量安装在与人耳持平的位置，比如安装在汽车A柱上，或者仪表台上方，还有的车型位于车门上。

2）中低音扬声器。

作用：播放中低音，高音不明显。

安装位置：一般安装在后置物台上，是规则的椭圆形。

3）全频扬声器。

作用：含有高音扬声器、中音扬声器、低音扬声器。

安装位置：门板和后置物台都可安装。

4）低音炮。

作用：可以使摇滚音乐变得更加劲爆。

安装位置：行李舱。

分类：全频（有源：包含三种扬声器，不需加装功放）；纯低音（无源：纯低音、需加装功放）。

（3）功放的加装方法

1）定义：一般用于驱动扬声器，放大输出功率，但是无法改变音质，可以实现电子分音，HP：高通（调高音），LP：低通（调低音）。

2）分类。

1 按调音旋钮分：有HPL调节钮（调高音）、无HPL调节钮。

2 按声道分。

一声道：主要用于驱动低音炮。

两声道：主要用于驱动两个扬声器。

四声道：主要用于驱动四个车门的扬声器。

五声道：主要用于驱动四个车门的扬声器和无源低音炮。

3）功放接线，如图7-17所示。

1 B+：接专用电源线，上面需加相应大小的熔丝。

2 GND：搭铁。

3 REN：接主机后方ACC线或外加开关控制。

图7-17　功放接线图

注意

功放一般安装在后置物台下方，打孔用螺钉固定。

（4）扬声器接线

常见的扬声器接线方法分两类。

1）类型一，如图7-18所示。

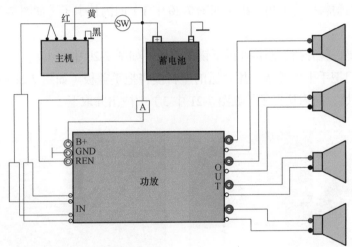

图7-18　扬声器接线类型一

2）类型二，如图7-19所示。

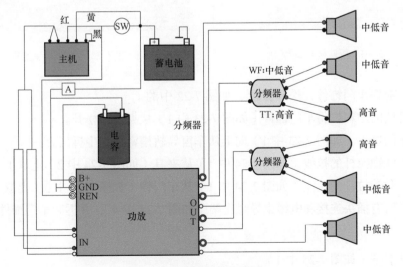

图7-19　扬声器接线类型二

五 绅士座椅开关的改装

1. 改装绅士座椅开关的优点

从驾驶人侧可以通过开关调整前排乘客座椅前后位置或靠背角度，方便前排乘客的后排人员上下车。

2. 改装绅士座椅开关

下面以宝马5系（G30）为例讲解。

（1）拆卸车门门板

1）用合适的塑料楔将镜角盖板（如图7-20中1）向内从卡子（如图7-20中2）中松脱，并向后抽出。

2）如有必要，脱开插头连接并拆下镜角盖板，如图7-20中的1。

3）拆卸车门把手上的盖板，用合适的塑料楔将把手盖板（如图7-21中1）从凹口（如图7-21中2）开始，向内从夹子（如图7-21中3）中撬出并取下。

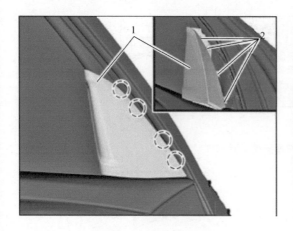

图7-20　拆卸镜角盖板

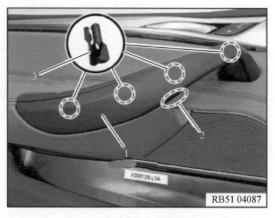

图7-21　拆卸把手盖板

4）拆下前部车门饰件，松开螺栓，如图7-22中的1。

5）用合适的塑料楔将车门饰件（如图7-23中1）从夹子中松开。

6）将车门饰件（如图7-23中1）向上从车窗导轨槽密封件中拆出。

7）将去联锁拉杆的拉线（如图7-24中1）从夹具（如图7-24中2）上取下。

8）将去联锁拉杆的拉线（如图7-24中1）从车门锁（如图7-24中3）上取下。

9）脱开所有插头连接和电缆束导线支架（如图7-24中4），并拆卸车门饰件。

（2）拆卸座椅附加功能的操纵装置

1）松开卡子（如图7-25中1）。

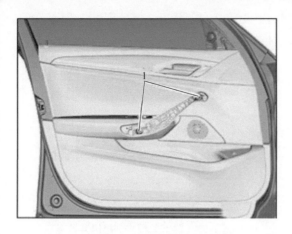

图 7-22　松开螺栓

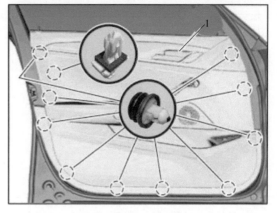

图 7-23　拆卸车门饰件

2）解锁夹子（如图 7-25 中箭头）。

3）将操纵装置及盖板（如图 7-25 中 2）从车门饰件中压出。

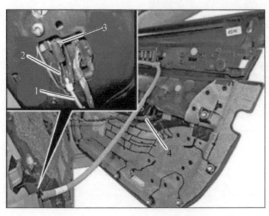

图 7-24　拆卸所有连接

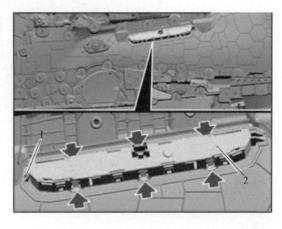

图 7-25　拆卸操纵装置及盖板

（3）安装座椅附加功能的操纵装置

1）当更换用于座椅附加功能的操纵装置时，应换装盖板。

2）松开操纵装置（如图 7-26 中 1）上的所有卡子。

3）将旧盖板从操纵装置（如图 7-26 中 1）上取下。

4）将新盖板（如图 7-27 中 1）夹到操纵装置（如图 7-27 中 2）上。

5）检查两侧操纵装置的卡子是否在正确位置。

6）将操纵装置连同新盖板（如图 7-28 中 1）一起压入车门饰件（如图 7-28 中 2）。

7）继续复原车辆。

（4）开通绅士座椅开关功能

1）连接车辆，如图 7-29 所示。

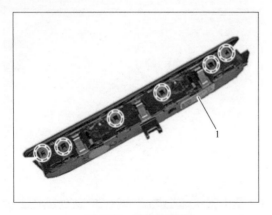

图 7-26　换装旧盖板

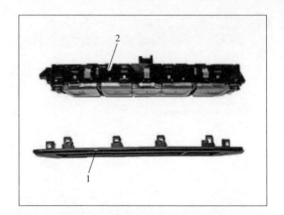

图 7-27　将新盖板夹到操纵装置上

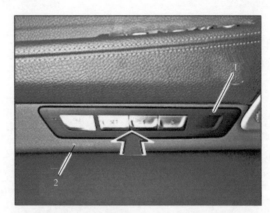

图 7-28　安装操纵装置连同新盖板

图 7-29　连接车辆

2）读取车辆 FA，如图 7-30 所示。

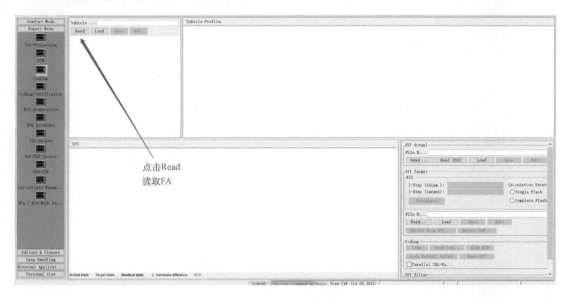

图 7-30　读取车辆 FA

3）保存 FA，如图 7-31 所示。

图 7-31　保存 FA

4）读取 SVT，如图 7-32 所示。

5）读取 CAFD 数据，如图 7-33 所示。

6）对 5AF9 这条 CAFD 文件进行修改，如图 7-34 所示。

7）点击 Edit NCD 进入 CAFD 修改界面，如图 7-35 所示。

8）搜索第一条隐藏代码 ComAdapterPdu_231_Status_Gentleman_FAS，如图 7-36 所示。

9）把 nicht_aktiv 改为 aktiv，如图 7-37 所示。

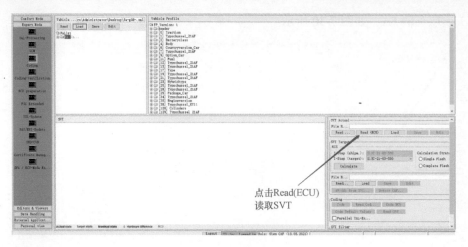

点击Read(ECU)
读取SVT

图 7-32　读取 SVT

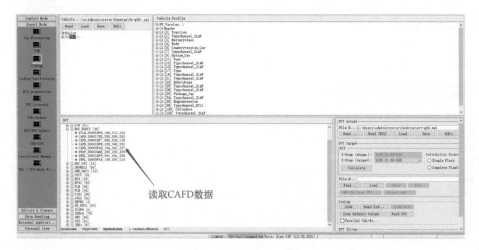

读取CAFD数据

图 7-33　读取 CAFD 数据

对CAFD_00005AF9进行修改

图 7-34　对 5AF9 这条 CAFD 文件进行修改

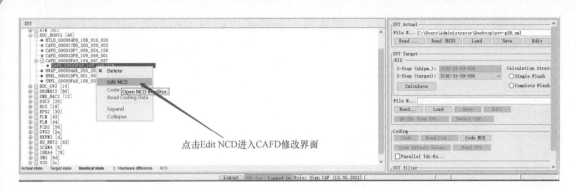

点击Edit NCD进入CAFD修改界面

图 7-35　进入 CAFD 修改界面

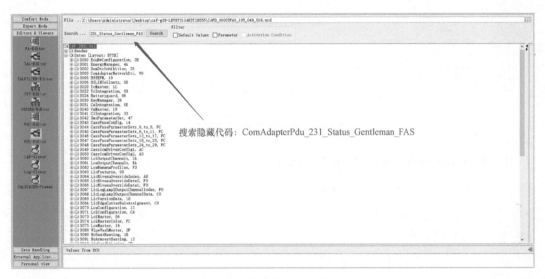

搜索隐藏代码：ComAdapterPdu_231_Status_Gentleman_FAS

图 7-36　搜索第一条隐藏代码

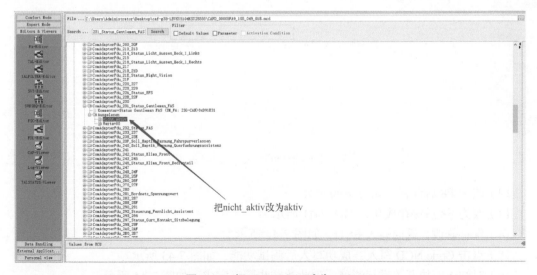

把nicht_aktiv改为aktiv

图 7-37　把 nicht_aktiv 改为 aktiv

10）第一条隐藏代码改好后，搜索第二条隐藏代码 SCHALTER_SITZEXT_VL_LIN_VAR，如图 7-38 所示

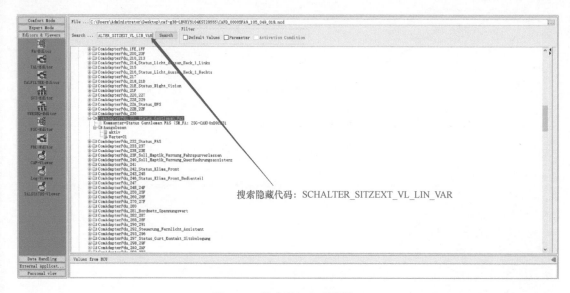

图 7-38　搜索第二条隐藏代码

11）把 Werte=30 改为 F8，如图 7-39 所示。

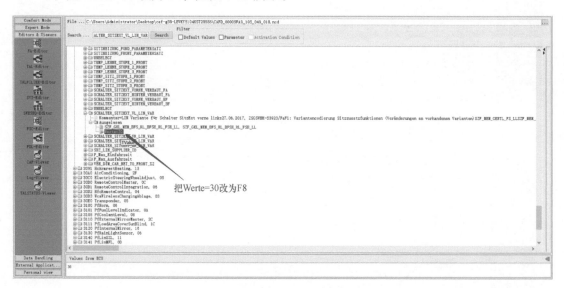

图 7-39　把 Werte=30 改为 F8

12）改为 F8 后保存，如图 7-40 所示。

13）改为 F8 后保存成功，如图 7-41 所示。

14）保存修改，返回写入 ECU，如图 7-42 所示。

15）点击 Code NCD 写入，成功写入后测试功能，如图 7-43 所示。

16）对绅士座椅开关进行测试，到此改装步骤已完成，如图 7-44 所示。

改为F8后保存

图 7-40　改为 F8 后保存

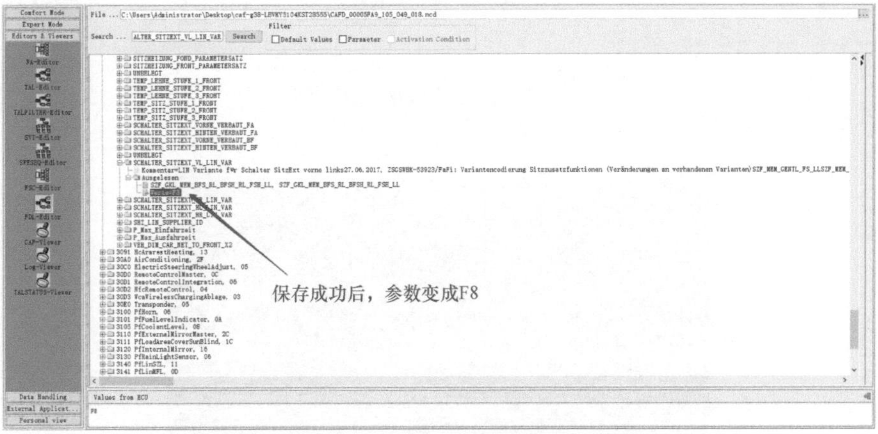

保存成功后，参数变成F8

图 7-41　改为 F8 后保存成功

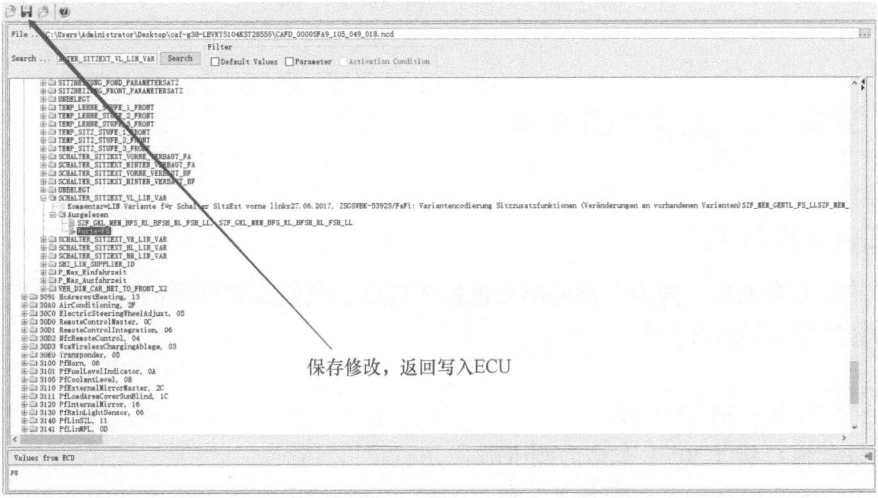

保存修改，返回写入ECU

图 7-42　保存修改，返回写入 ECU

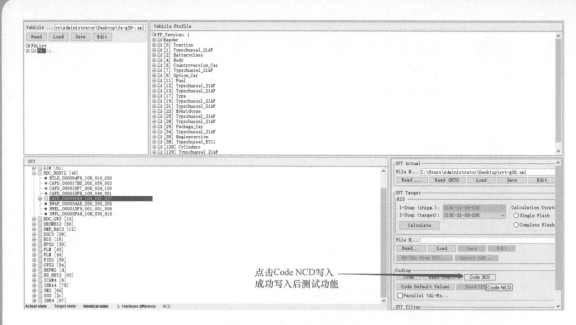

图 7-43　点击 Code NCD 写入

点击Code NCD写入
成功写入后测试功能

图 7-44　对绅士座椅开关进行测试

六　车内三色氛围灯的改装

1. 如何选择氛围灯

精彩的彩多指色彩，因为万物的形形色色才构成了我们五彩缤纷的世界，我们可以根据对颜色的喜好选择氛围灯。

2. 改装车内三色氛围灯

下面以奔驰 C 级（205）车型为例讲解。

奔驰 W205 原厂高配车型配备了三色氛围灯，分别位于中控台位置和四个车门上。可选择单独加装中控台氛围灯，不安装四门氛围灯，也可以同时安装中控台氛围灯和四个车门氛围灯。氛围灯颜色分为橙、蓝、白三色，在中控台位置的主机屏幕上可自由调节三种颜色从0-5的亮度。

（1）安装氛围灯

1）拆卸中控台，如图7-45所示。

2）安装中控台氛围灯，把线束安装好，如图7-46所示。

图7-45　拆卸中控台

图7-46　安装中控台氛围灯

3）拆卸车门装饰板，把面板下面镀铬条换成氛围灯条，并将线束安装好，如图7-47所示。

4）安装线束，如图7-48所示。

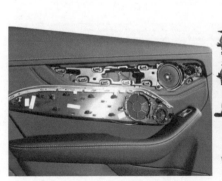

图7-47　安装车门氛围灯条

图7-48　安装线束

5）按电路图连接线束，如图7-49所示。

（2）对车辆进行设码

1）使用奔驰VEDIAMO工程师软件与车辆进行连接。

2）选择HU5_ENTRY，首先进行主机内氛围灯调节选项的开启，如图7-50所示。

3）选择accept，如图7-51所示。

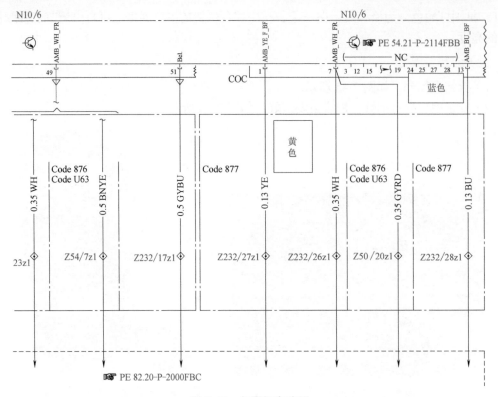

图 7-49　氛围灯电路图

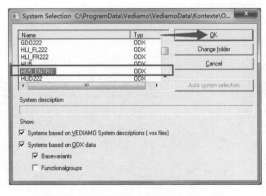

图 7-50　开启主机内氛围灯调节选项

图 7-51　选择 accept

4）选择通信协议后连接模块，如图 7-52 所示。

5）点击设码，如图 7-53 所示。

6）选取设码项目，需要注意的是，新款车型的设码与之前不同，是没有保存原车编码这一选项的。进行更改之前一定要记录下原值，方便恢复，如图 7-54 所示。

7）更改后点击写入，如图 7-55 所示。

8）断开模块连接，如图 7-56 所示。

9）再选择 BC_F222，调整氛围灯供电模式，如图 7-57 所示。

10）再选择 EIS222，添加氛围灯 SA887，如图 7-58 所示。

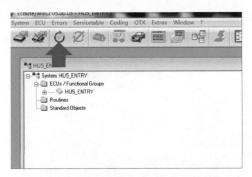

图 7-52　选择通信协议后连接模块

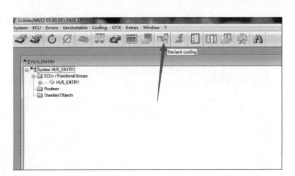

图 7-53　点击设码

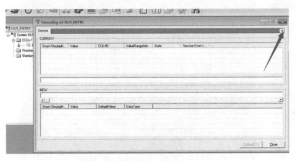

图 7-54　选取设码项目

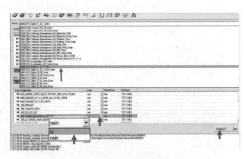

图 7-55　更改后点击写入

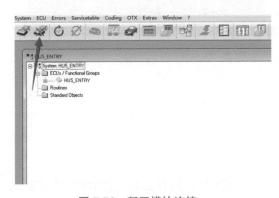

图 7-56　断开模块连接

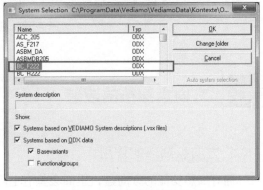

图 7-57　调整氛围灯供电模式

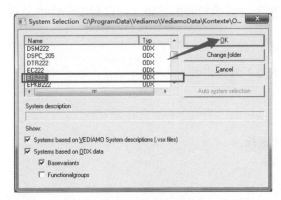

图 7-58　添加氛围灯

11）安装完成，对功能进行测试，如图 7-59 所示。

图 7-59　对功能进行测试

七　方向盘加热的改装

1. 方向盘加热的作用

拥有加热功能的方向盘，里面会垫有电阻丝或者加热片，只要通电就会给方向盘常握的区域加热，从而改善驾驶的舒适性。在寒冷的北方，气温会低至零下十几摄氏度，使用手套或者方向盘套在一定程度上会影响驾驶的手感，并且对安全性也会有一定的影响。

2. 改装方向盘加热

下面以宝马 3 系（F30）为例讲解。

（1）拆卸方向盘

1）拆卸安全气囊。

2）拆卸方向盘固定螺栓。

3）取下方向盘。

（2）安装带加热的方向盘

1）松脱转向柱饰板上部件和下部件（图 7-60 中 1）。

2）松开螺栓（图7-60中2）。

3）沿箭头方向拆下转向柱开关中心（图7-60中3）。

4）脱开插头连接（图7-61中1）。

5）取下转向柱开关中心（图7-61中2）

图7-60 拆下转向柱中心

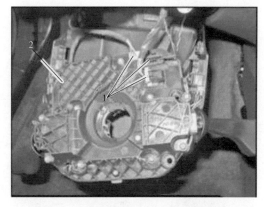

图7-61 脱开转向柱开关中心插头连接

6）安装好转向柱开关中心。

7）安装好带方向盘加热的方向盘调节开关，如图7-62所示。

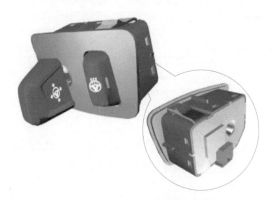

图7-62 安装方向盘调节开关

8）安装好调节开关以及盖板后，安装好带方向盘加热的方向盘。

（3）开通方向盘加热功能

1）使用宝马E-sys软件开通。

2）连接车辆，如图7-63所示。

3）选择车型并连接，如图7-64所示。

4）读取FA，如图7-65所示。

5）保存FA，如图7-66所示。

6）点击Edit，添加FA配置，如图7-67所示。

7）添加代码248，如图7-68所示。

8）添加代码后保存，如图7-69所示。

图 7-63 连接车辆

图 7-64 选择车型并连接

图 7-65 读取 FA

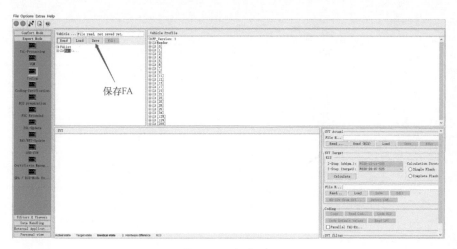

图 7-66 保存 FA

图 7-67 点击 Edit，添加 FA 配置

图 7-68 添加代码 248

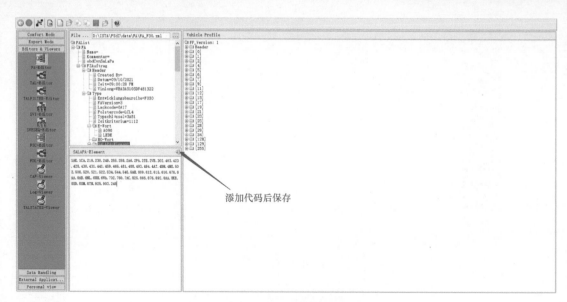

图 7-69　添加代码后保存

9）代码 248 已经添加并且保存，如图 7-70 所示。

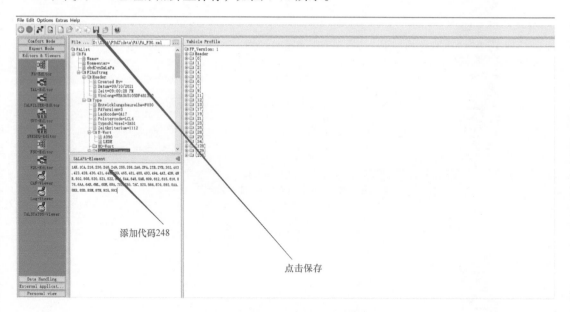

图 7-70　代码 248 已经添加并且保存

10）返回设码界面，如图 7-71 所示。

11）读取 ECU，如图 7-72 所示。

12）对 FEM 进行设码，如图 7-73 所示。

13）点击 Code 设码，如图 7-74 所示。

14）设码开始执行，如图 7-75 所示。

15）设码成功后对功能进行测试，如图 7-76 所示。

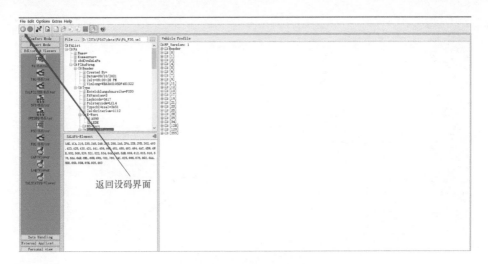

图 7-71　返回设码界面

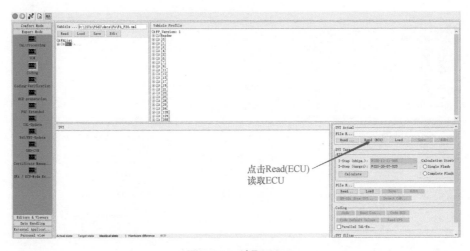

图 7-72　读取 ECU

图 7-73　对 FEM 进行设码

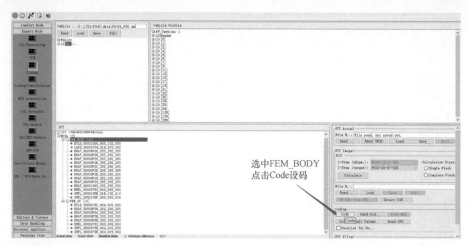

选中FEM_BODY
点击Code设码

图 7-74　点击 Code 设码

开始设码

图 7-75　设码开始执行

设码成功后，对功能进行测试

图 7-76　设码成功后对功能进行测试

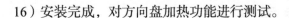

16）安装完成，对方向盘加热功能进行测试。

八 车窗一键升降改装

1. 车窗一键升降套件的选择

（1）选择有原车协议的一键升窗器

普通一键升窗器外加电流到车窗升降电动机，强制升窗 8s。车窗到顶后仍继续给电动机通电，容易烧坏电动机。特别是本身车窗玻璃已经是关闭状态时，锁车时仍然会强制通电 8s。而有原车协议的一键升窗器通过 LIN 总线协议控制。车窗到顶后能即时检测到，并停止上升。不损伤升降电动机。

（2）选择兼容性高的一键升窗器

部分一键升窗器只能装自动档的互联网版车型和智联网版车型，手动档车型、旗舰版车型都不兼容。

（3）选择功能多的一键升窗器

部分一键升窗器只有基本的升窗、降窗、关天窗等功能。没有原厂数据协议，实现不了更多功能。目前，市场上有部分产品除了基本的升窗、降窗、关天窗等功能外，还有倒车闪灯、开门闪灯、未锁车鸣响提示、伴我回家、迎宾等功能。

（4）插头质量

市面上有部分产品采用劣质插头，插不紧，电气接触不佳，稳定性差，可能会引起原车电脑报故障码。

2. 改装车窗一键升降

1）拆开主驾驶门内侧拉手盖板。

2）松开内饰门板周边螺钉。

3）拆掉门板内饰、拔下插头。

4）连接一键升窗模块的升窗插头和原车升窗插头。

5）用双面胶和扎带把一键升窗模块固定在内饰板内侧。

6）把连接的电线用隔音胶布包好，防止车辆行进中发生的震动造成异响。

7）复原车辆，测试一键升窗功能，如图 7-77 所示。

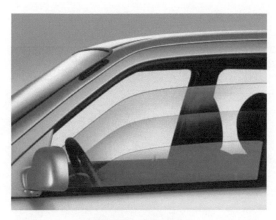

图 7-77 打开车窗

参 考 文 献

[1] 于海东，蔡晓兵.汽车构造原理从入门到精通［M］.北京：机械工业出版社，2020.

[2] 于海东，蔡晓兵.汽车电工从入门到精通［M］.北京：机械工业出版社，2020.

[3] 李平.玩转汽车改装［M］.北京：机械工业出版社，2011.